**나는 진보인데
왜 보수의 말에 끌리는가?**

나는 진보인데 왜 보수의 말에 끌리는가?

—

인지과학이 밝힌
진보 – 보수 프레임의 실체

조지 레이코프 · 엘리자베스 웨흘링 지음
나익주 옮김

생각
정원

지난 몇십 년간 인지과학과 인지언어학의 연구는 인간의 마음에 대해 놀라운 사실을 밝혀냈다. 이 책은 이러한 발견과 그 안에 담긴 정치적 함축에 대한 대화로 이뤄진 정치 입문서이다.

즐거이 읽으시길!

조지 레이코프, 엘리자베스 웨흘링
2016년 8월
버클리에서

/

정치적 가치와 사고의 개념적 본질을 향한 레이코프와 웨흘링의 또 다른 발자취

권익수 (한국외국어대학교 영어대학 교수)

2014년 4월 25일, 미국 오바마 대통령이 한국을 방문하여 당시의 박근혜 대통령과 함께 공동기자회견을 열고 있을 때였다. 한 외신 기자가 발언 기회를 얻어 오바마 대통령에게 질문하던 중 이렇게 덧붙였다. "잘 아시겠지만 푸틴 대통령은 만일 자신이 물에 빠진다면 대통령께서 자신을 구해줄 것인지에 관한 질문을 받고서, 대통령께서 그렇게 해주실 것이라 생각한다고 대답했습니다. 그의 대답이 옳았나요? 또한 (대통령께서 같은 상황에 처한다면) 푸틴 대통령이 당신을 구할 것이라 생각하시는지요?" 그 당시 미국과 러시아는 러시아의 우크라이나 급습과 미국 국가안보기관의 기밀 유출자인 에드워드 스노든(Edward J. Snowden)의 러시아 망명이라는 민감한 사안을 둘러싸고 갈등을 겪고 있었다. 이 질문에 오바마 대통령은 이렇게 대답했다. "물에 빠져 허우적거리고 있다면 당연히 그를 구하겠습니다. 어느 누구라도 저 밖에서 물에 빠져 허우적거리고 있다면 구할 것이라고 생각하고 싶습니다. 왕년에 수영 좀 했거든요. 하와이에서 자랐으니까요."

그때 텔레비전 속에서 들렸던 소리로 미루어보아 사람들은 이 외신 기자의 질문과 오바마 대통령의 대답을 농담으로 여기고 웃음으로 대해주기 바빴던 듯하다. 안타까웠다. 세월호 참사가 일어난 지 열흘도 채 지나지 않았었기 때문이다. 이 외신 기자는 그 시점에서 물에 빠진 누군가를 구할 것인지에 대한 의문을 정말 단순한 대인 관계에 관한 호기심에서 제기했을까?

2015년 1월 7일, 프랑스 파리에서 이슬람 급진 무장 세력이 샤를리 에브도(Charlie Hebdo)사의 사무실에 침입해 총기를 난사하여 열두 명의 사망자가 발생했다. 가해자들은 도주하여 파리 근교에서 인질극을 벌이다가 프랑스 당국의 공권력에 의해 사살되어 사건 자체는 일단락되었다. 샤를리 에브도는 신랄한 사회풍자 만평을 그려내는 것으로 유명했다. 특히 이날 희생된 스테판 샤르보니에(Stéphane Charbonnier)가 2009년부터 편집장을 맡은 이후 이슬람교에 대한 풍자와 비판을 해왔으며 이로 인해 2013년에 이슬람 급진주의 세력인 알카에다에 의해 처형 대상으로 수배되기도 했다. 충격적이었다. 사건 자체도 비극적이었지만, 특정 집단이 비(非)물리적인 방법―언론매체―으로 만들어낸 작용이 얼마나 엄청난 물리적인 반작용을 불러일으킬 수 있는지를 명확히 보여줬기 때문이다.

언어적 풍자가 물리적인 타격(이나 그에 준하는 것)으로 귀결된다는 것은 필연적으로 논리적이거나 자연스러운 생각의 흐름은 아니다. 과연 이것을 어떻게 설명할 수 있을까?

박근혜 정부가 출범한 두 달여가 지난 2013년 5월 7일 청와대 대변인이 방미 중인 대통령을 수행하던 중 인턴을 성추행했다는 물의를 일으켜 이틀 뒤 전격 경질되었다. 그 후 가진 기자회견에서 그 대변인은 '인턴'이라는 말 대신에 '가이드'라는 말을 사용했다. 아나나 다를까, 이 말을 들은 대중들은 분개했다. 성추행이라는 부도덕한 범죄 사건의 용의자라는 것을 배제한다고 하더라도 '가이드'라는 말을 사용한 그의 언행이 적절하지 않음은 물론 비판의 대상이 되는 것이 당연하다는 여론의 공감대가 형성되었기 때문이리라.

이 국제적 추문은 국가의 품격을 떨어뜨린 씁쓸한 사건이었지만, 인지언어학의 눈으로 사회를 바라보는 나로서는 물의를 야기한 그 사람의 낱말 선택이 정말 흥미로웠다. 일반 대중들이 언어학의 맥락에서 의미 틀이라는 인지 기제를 배우거나 이 틀을 찾아내는 훈련을 받지는 않았음이 분명하다. 그럼에도 불구하고 단어 하나하나가 환기하는 의미 틀이 사람들의 마음속에 그렇게도 커다란 울림을 주고 그들의 가치판단 과정에 엄청난 영향을 미칠 수 있다는 것을 직접 체감할 수 있었기 때문이다. 어떠한 맥락에서는 '인턴'과 비슷하게만 보이던 '가이드'라는 낱말을 사용한 것이 어째서 그 언어 사용자를 공공의 적으로 만들었을까? 이렇듯 말 한마디가 지니는 영향력을 잘 알고 있어야 할 국가기관의 대변인에게 이러한 일이 일어났다는 것은 아이러니가 아닐 수 없다.

우리 주변에서 일어나는 다양한 사건들과 그 본질을 모두 이해했다고 믿으며 살아가는 사람들을 찬찬히 살펴보면 사실은 수많은 논리적 오류와 비약이 드러난다. 왜 그 외신 기자는 세월호 참사 후 열흘이 지나가기도 전인 그 시점에서 공식 질문의 주제로는 사족에 가까운 상황, 물에 빠져 허우적대는 상황에 대해서 질의했을까?

왜 샤를리 에브도의 만평가들은 그림과 글로 자신들의 의견을 표현했을 뿐 어떠한 물리적인 행동도 취하지 않았는데 물리적으로 극단적인 피격을 당해야 했을까? 또한 그 테러리스트들은 어떤 연유로 자신들이 가한 테러 공격을 '대갚음'이라고 굳게 믿었을까? 왜 청와대의 전 대변인은 '인턴' 대신 '가이드'라는 용어를 사용했을까? 또 이 대변인의 용어 선택은 왜 사람들을 분노케 했을까?

이것들뿐일까. 2016년 겨울, 특정 지역에 전략적으로 고고도미사일방어체계(THAAD, 사드)를 배치하는 것에 적극적인 반대 입장을 표명했던 그 지역의 시민들은 2017년 5월에 치러진 대통령선거에서 미사일 배치에 대해 적극적으로 찬성 의견을 내놓았던 보수 진영의 후보를 압도적으로 지지했다. '새 정치'를 기치로 내세웠던 한 정당 대표는 2017년 프랑스의 새로운 대통령을 평가할 때 언론에서 썼던 '극단적 중도주의'라는 모순어법의 어휘를 미래에 추구해야 할 대안으로 들고 나왔다. 가슴 한구석이 씁쓸해지는 것을 어쩔 수 없었다. 보수이든 진보이든 작금의 한국 정치에 정말 일관성 있게 가치를 믿고, 가치를 수호하며, 가치를 바탕으로 살아가는 정치인들과 지지자들이 있기는 한 것일까? 놓치고 있는 무언가가 있다.

  이러한 현실 인식에 마치 준비된 답이 있다고 이야기나 하듯, 조지 레이코프(George Lakoff)와 엘리자베스 웨흘링(Elisabeth Wehling)의 책《나는 진보인데 왜 보수의 말에 끌리는가?: 인지과학이 밝힌 진보 – 보수 프레임의 실체》(*Your Brain's Politics: How The Science of Mind Explains The Political Divide*)는 이러한 비약을 메꾸고 우리에게 잃어버린 무언가를 찾게 해준다. 《삶으로서의 은유》(*Metaphors We Live By*, 1980/2002), 《몸의 철학》(*Philosophy in the Flesh*, 1999), 《프레임 전쟁》(*Thinking Points*, 2006), 《자유는 누구의 것인가》(*Whose Freedom?*, 2006), 《폴리티컬 마인드》(*The Political Mind*, 2008), 《코끼리는 생각하지 마(전면 개정판)》(*The All New Don't Think of an Elephant!*, 2014)를 비롯한 레이코프의 저술은 한국의 독자들에게도 이미 잘 알려져 있다. 웨흘링과 레이코프가 나누는 대담을 전사한 형식으로 이뤄진 이 책은 원래 두 분의 다른 저술인 《이기는 프레임》(*The Little Blue Book*, 2012)보다 더 먼저 독일에서 출판되었는데, 저자들이 새롭게 다듬어 2016년 영어로 펴냈다. 이 책은 레이코프의 이론과 저술을 한국에 소개하는 데 헌신해온 나익주 선생님이 이 영어판을 한국어로 옮긴 것이다.

따라서 이 책은 저자들이 정치적 삶을 개념화하는 은유와 의미 틀, 프레임 구성에 대한 심리적 실재를 일관성 있게 증명하고 주장하며, 변화무쌍한 정치 현실에 내재하는 본질은 변함없이 그러한 인지 기제에 근거하고 있다는 것을 방증하는 여정의 초입에 해당한다. 생각해보라. 여정을 시작한다는 처음의 마음가짐과 설렘을, 또한 점점 다가올 목적지에 대한 기대감과 강한 믿음을! 초심과 설렘이 곳곳에 숨어 있는 만큼《나는 진보인데 왜 보수의 말에 끌리는가?》를 읽으면, 한편으로는 잘 알려져 있지만 또 다른 한편으로는 신선한 인물과의 평범한 대화를 바로 옆에서 듣고 있는 듯하다.

《나는 진보인데 왜 보수의 말에 끌리는가?》는 인지의미론의 주요 논제인 개념적 은유와 의미 틀에 대한 개론부터 시작하여, 이러한 인지 기제를 바탕으로 하는 개념화 과정이 경제와 철학, 신학, 정치에 얼마나 중대한 영향력을 끼치고 있고, 또 끼쳐왔는지를 부담 없이 이야기한다. 은유적 사고가 문학 비평에서 말하는 은유와 어떻게 다른지의 논제에서 시작하여, 정치와 국가에 대한 다른 견해, 진보와 보수를 개념화하는 데 필수적인 우리의 경험은 무엇인지, 애덤 스미스의 보이지 않는 손이라는 용어 기저에 어떠한 개념화 과정이 숨어 있는지, 이러한 개념화 과정이 우리의 뇌 구조와 어떠한 관련성이 있는지, 중도파라고 불리는 정치적 중도 세력은 어떠한 범주화가 필요한 것인지, 사실은 프레임 구성과 별개로 진술할 수 있는지, 신은 존재하는지, 같은 현상을 두고도 다르게 해석하는 문제적 개념은 어떻게 대처해야 하는지, 깨어 있는 저널리즘이란 무엇인지의 논제에 이르기까지 어쩌면 이후에 나온 책들보다 훨씬 더 편하게 그 메시지를 우리에게 전달하고, 마음의 울림을 준다.

2017년이 저물어가던 며칠 전 전화 한 통을 받았다. 미국에서 언어학을 공부할 때 같이 수학했던 나의 동기가 은사인 조지 레이코프 선생님과 같이 썼던 책의 한국어 번역판이 곧 나올 예정이니 추천사를 써달라고 요청하는 나익주 선생님의 전화였다. 그 동기가 바로 엘리자베스 웨흘링이다. 그녀는 독일에서 저널리즘을 전공으로 학문의 길에 들었다가 나와 같은 시기에 버클리대학 언어학과에 입학하기 전, 레이코프 선생님의 개념적 은유 이론과 정치 프레임 분석에 푹 빠져 선생님을 뵙기 위해 방문학자 자격으로 1년간 버클리대학 언어학과에서 시간을 보냈던 모양이다. 내 기억에 언어학 분야에서 상대적으로 초년생이었던 웨흘링은 레니(Leni)라는 고양이를 가족 삼아 정치적 맥락 속의 틀 구조와 개념적 은유, 그리고 상호 작용적 몸짓 언어라는 주제에 대해 끊임없이 읽고 고민했으며, 책임과 공감이라는 진보의 가치에 충실했고, 주변에 새로운 사람들이 끊이지 않았던 유쾌하지만 가볍지 않은 성격의 소유자였다. 현재까지도 독일과 미국을 오가며 정치에서의 [국가는 가정] 은유 모형에 대해 심도 있는 분석과 집필을 하고 있으며, 최근에는 독일의 텔레비전과 라디오 매체에 출연하여 대담을 진행하기도 했다.

조지 레이코프 선생님은 개인적으로 내 은사님들 중 한 분이다. 학위 논문 심사 위원회 구성원 중 한 분으로 역할을 하며 많은 생각과 고민을 나눠주신 고마운 분이기도 하다. 나는 그분의 'Language and Mind(언어와 마음)'라는 수업을 학생으로 수강했고, 시간이 지나서는 해당 수업의 강의 조교로도 일한 적이 있다. 그때 겪었던 마음의 울림을 아직도 잊지 못한다. 이제는 내 학생들에게 그러한 마음의 울림을 대물림하려고 부단히 노력하고 있다.

그 감동의 원천은 바로 질문에 관한 선생님의 생각이었다. 레이코프 선생님이 강의를 시작할 때 하는 첫마디가 있다. 바로 읽어 오기로 한 글들에 대해 던지는 "질문 있습니까?(Any question?)"이다. 여느때처럼 학생들은 처음에는 쭈뼛쭈뼛 말이 없다. 그러면 늘 선생님은 어떠한 질문도 멍청한 질문은 없다고 학생들을 독려한다. 마치 설령 멍청하게 보이는 질문이 나오더라도 답하는 사람의 역량에 따라 그 질문은 평범하게도, 더 훌륭하게도 될 수 있다는 그분만의 자신감 표출이라고 할까. 그때부터 본격적으로 수업이 진행된다. 한 명 한 명 질문에 질문이 꼬리를 물고 이어지고, 어느새 수업 시간은 다 흘러간다. 정신을 차려보면 어떤 교수가 작정하고 강의 계획을 세워 진행한 강의보다도 더 짜임새 있고 논점이 투명하게 잘 전달된 강좌 하나가 되어 있다. 질문을 통한 소통과 그 답을 추구함에 있어 정직하고 신실하게 진리를 대하는 그분의 태도는 그분이 도덕의 정치에서 강조하는 책임과 공감의 가치를 이미 오래전부터 체득하여 생활화했음을 내게 보여줬다.

"엄마가 좋아, 아빠가 좋아?" 한국에서 태어나 생활해온 독자라면 누구나 들어본 질문일 것이다. 생각해보면 이것만큼 아이에게 부담스러운 질문이 없다. 가볍게 골려주려고 내뱉은 문장 하나가 아이들에게 거대한 고민거리를 안겨주는 셈이다. 사실 나는 더 이상 이러한 질문을 쉽사리 하지 않게 되었다. 왜냐하면 이것만큼 정치의 진보와 보수를 가르는 개념화의 단면을 잘 보여주는 질문도 없을 것이기 때문이다.

끊임없이 공부하고 고민해도 쉽지 않은 가치판단의 문제를 아이에게 떠넘기는 것은, 어찌 보면 세상에는 하나의 정답이 없는 것이 당연한데도 정답은 이미 정해져 있다고 믿도록 하는 것만큼이나 잔인한 일은 아닐까. 이는 마치 레이코프가 인용한 질문, "아이가 한밤중에 울 때, 당신은 아이를 안아올리겠습니까?(If your baby cries at night, do you pick him up?)"에 대한 대답이 진보와 보수의 가치를 나누는 기준을 내포한다는 설명과 그 맥을 같이한다.

한국 정치는 어떠한가? 레이코프가 이야기하듯 '엄격한 아버지 가정 모형'의 보수와 '자애로운 부모 가정 모형'의 진보가 각각 자신들의 세계관에 입각하여 가치를 자신 고유의 용어로 프레임에 넣고 일관성 있게 그 가치를 실현시키려 애쓰는가? 아니면 가치나 철학과는 별개로 정치 세력 불리기라는 단기의 목적 달성을 위해 주먹구구식으로 정책을 고민하는가? 한국의 민주주의는 어디에서도 들여온 것이 아닌, 스스로 피워낸 것임이 자랑스럽고, 또 그 저력을 믿어 의심치 않지만, 작금의 정치 상황을 보면 나는 아직 후자라고 본다. 이제 한국의 정치도 가치에 대한 철저한 총화와 고민을 바탕으로 사회 현안에 대해 일관성 있게 생각을 정리하여 건강한 보수-진보 역학 관계의 기초를 다지는 작업이 절실하다.

한국의 정치도 때로는 책임과 공감의 가치를 중심으로, 때로는 올바른 동기부여와 안보의 가치를 중심으로 접근할 수 있어야 하고, 진보와 보수의 탄탄한 가치를 바탕으로 건강한 경쟁과 토론을 통해 일관적이면서도 조화로운 정반합을 정직하고 당당하게 이뤄내야 한다. 독자들에게 감히 권하건대, 웨흘링과 레이코프가 《나는 진보인데 왜 보수의 말에 끌리는가?》에서 친근하게 들려주는 이야기를 통해, 바람직한 민주주의 정치의 바탕이 되는 개념화 방식과 보수-진보의 가치에 대한 생각과 판단을, 여정을 막 시작했을 때의 설렘과 벅차오름으로, 치열하게 공감하고 또 고민해보시기 바란다.

2017년 12월
서울 이문동에서

차 례

일러두기

1. 이 책은 조지 레이코프와 엘리자베스 웨흘링의 *Your Brain's Politics: How the Science of Mind Explains the Political Divide*(Societas, 2016)를 완역했다.
2. 이 책의 각주는 모두 옮긴이의 주석이며 후주는 지은이의 주석이다.
3. 원서에서 이탤릭체로 표기한 것은 고딕체로 표기하였다.
4. 인지언어학에서 구미의 개념적 은유 이론 연구자들은 개념이나 개념적 은유를 대문자로 표기하는 반면 한국의 인지언어학자들은 주로 대괄호에 넣어 표기하는 관행을 따라, 이 책에서도 개념적 은유를 대괄호에 넣어 표기한다.

1부

나의 정치적 성향은
어디에서 왔을까?

1장

나는 자신에 대해
얼마나 알고 있을까?

은유를 통해서 만들어지는 뇌

왜 은유를
알아야 하는가

엘리자베스 웨흘링(이하 웨흘링) 언젠가 선생님은 은유가 전쟁을 일으킬 수 있으며, 2차걸프전쟁과 이라크전쟁의 동기가 대부분 '은유'라고 쓰셨습니다.[1] 어떻게 인지언어학자들은 은유라는 무해하고 수사적인 도구에 이토록 거대한 힘이 있다고 생각하게 되었나요?

조지 레이코프(이하 레이코프) 그 질문은 뇌가 작동하는 방식과 관련이 있습니다. 우리는 세계에 대해 주로 은유의 측면에서 사유합니다. 은유는 정치적 담화에만 존재하는 게 아니라 어디에나 있죠. 은유는 사람들의 일상적인 언어와 추론을 구조화합니다.[2] 그래요, 은유는 개인의 정치적 의사 결정은 물론 국가 전체의 정치적 의사 결정을 완전히 통제합니다.[3] 은유에 의존하지 않고 추론할 수 있는 정치적 쟁점은 하나도 없죠. 사람들은 일상생활에서 세계를 대부분 은유적으로 이해합니다.

웨흘링___ 놀랍게도 사람들은 이 사실을 모릅니다. 또한 이 사실을 전혀 자각하지 못한 채 사유합니다. 대부분의 사람들은 마음이 작동하는 방식에 대해 완전히 거짓된 가정을 상당히 갖고 있죠.

레이코프___ 바로 그렇습니다. 인간의 사고에 대한 가장 중요한 가정 네 가지를 자세히 살펴볼까요.

첫째, 사람들은 자신의 사고가 의식적이라고 가정합니다. 그러나 이 가정은 잘못되었어요. 대부분의 사고, 추정컨대 98퍼센트는 완전히 무의식적입니다.[4] 둘째, 우리 중 많은 사람들이 인간의 합리성은 어떤 식으로든 우리의 신체와 독립적으로 존재한다고 믿습니다. 이 믿음 또한 사실이 아닙니다. 추론은 물리적 과정으로서, 우리의 신체와 뇌의 물리적 실재에 의존합니다.[5] 셋째, 많은 사람들은 추론이 보편적이라고 주장합니다. 이는 모든 사람들이 동일한 방식으로 사유한다는 의미예요. 이 역시 참이 아닙니다. 사람들 모두가 하나의 보편적인 추론 방식을 공유하는 것은 아니죠. 사람들은 세계에 대해 서로 다르게 사유합니다. 저마다의 문화적 경험과 개인적 경험을 통해 마음속에서 변별적인 구조를 습득해왔기 때문입니다.[6] 넷째, 사람들은 인간이 축자적(逐字的)으로—세계 내에 존재하는 그대로—사물을 이해할 수 있으며, 사물에 대해 객관적으로 말할 수 있다고 믿습니다. 아니에요, 이는 사실이 아닙니다. 우리는 언제나 은유를 통해 사유하고 말합니다. 하지만 이 사실을 거의 의식조차 못 하죠. 예컨대 추상적인 개념에 대해 은유를 사용하지 않고서는 쉽게 추론하거나 말할 수 없습니다.

따라서 은유가 어떻게 정치적 사고와 정치적 행위를 정의하는지, 어떻게 실제로 국가 간 전쟁을 초래하는지를 이해하기 위해 우리는 인간 인지의 기본적인 기제를 살펴볼 필요가 있습니다. 우리는 자신을 둘러싼 세계를 일상적으로 어떻게 이해하고 있을까요? 글쎄요, 대개는 은유를 통해서 이해합니다.

웨흘링___ 그 말씀은 은유에 대한 관습적인 이해와는 완전히 다르게 들립니다. 그러한 이해에 따르면 은유는 언어, 오직 언어만의 문제이니까요. 아리스토텔레스는 은유를 '예술적인 언어 형식'이라고 기술하기도 했죠.

레이코프___ 대부분의 사람들은 은유를 낱말이나 언어의 문제로 여깁니다. 이런 생각은 서구 학계에서 2,500년 이상을 지배해왔습니다. 하지만 지난 40년에 걸쳐 인지과학은 이 발상을 완전히 뒤집는 연구 결과를 내어놓았습니다. 이로 인해 우리는 인간의 언어와 사고가 작동하는 방식에 대한 전통적인 가정들 중 많은 부분을 바꿀 수밖에 없었죠.

　이제 우리는 은유가 결코 '언어(만)의 문제'가 아니라는 사실을 압니다. 은유는 우리의 일상적 인지, 즉 실재에 대한 우리의 지각을 구조화합니다. 은유는 사고의 문제이고, 언어의 문제이며, 행위의 문제입니다.

웨흘링　이 책을 읽고 있는 독자들은 이렇게 생각할지도 모르겠네요. '은유가 언어의 문제라고? 물론 그렇지. 사고의 문제라고? 혹시 그럴지도 모르지. 하지만 행위의 문제라고?'

레이코프　그렇다면 우리의 행위는 어디에서 나올까요? 만약 우리의 사고에서 나오지 않는다면요.

웨흘링　좋습니다. 그럼 이제 '개념적 은유 이론'*이 태어났던 그날에 대해 들려주시죠.7

레이코프　1970년대였어요. 저는 캘리포니아 버클리대학 언어학과의

---

* 개념적 은유 이론(Conceptual Metaphor Theory): 은유가 시인이나 능변가의 전유물로서 언어의 일탈적 사용과 장식적인 수단이라고 주장하는 아리스토텔레스의 고전적 은유관을 정면으로 반박하며, 은유의 소재는 언어가 아니라 우리의 개념 체계에 있다고 주장하는 혁신적인 은유 이론이다. 이 이론은 인지언어학자 조지 레이코프와 철학자 마크 존슨(Mark L. Johnson)이 1980년《삶으로서의 은유(*Metaphors We Live By*)》라는 단행본에서 '인간의 사고와 인지 과정의 대부분이 은유적으로 구성되며 따라서 은유는 소수 천재의 전유물이 아니라 인간이면 누구나 소유하고 있는 능력'이라고 주장한 데에서 시작되었다.

젊은 교수였고, 그해 봄 학기에 은유 강좌를 가르치고 있었습니다. 어느 날 이른 오후였는데, 밖에는 비가 내리고 있었죠. 이곳은 샌프란시스코만 지역이고, 언제나 비가 옵니다.

학생들은 관습적 은유에 대한 이런저런 텍스트를 읽으며 몇 주를 보냈습니다. 우리는 학생들의 독서노트에 대한 토의로 수업을 시작했지요. 그런데 그날 수업을 시작한 지 15분쯤 지났을 때 강의실 문이 열렸고, 비에 흠뻑 젖은 여학생이 한 명 들어왔습니다. 그녀는 늦어서 죄송하다고 말한 후 자리에 앉았어요. 무척 괴로워 보였지만 냉정함을 잃지 않으려 애쓰는 듯했습니다. 그러나 그녀는 아무 말도 하지 않았습니다. 그래서 우리는 토의를 계속했습니다. 드디어 자신의 독서노트에 대해 언급할 차례가 오자 그녀가 얘기를 시작했습니다. 하지만 몇 마디 못 하고 울음을 터뜨렸어요. 우리는 그녀를 올려다보며 놀라고 염려하는 눈빛을 보냈습니다. 저는 무슨 일인지 물었고, 그녀는 흐느끼며 대답했습니다. "저는 남자 친구와 은유 문제를 겪고 있어요. 아마도 여러분은 저를 도와주실 수 있을 거예요. 제 남자 친구가 말하길, 우리의 관계가 막다른 골목길에 다다랐다고 해요."

<u>웨흘링</u>　그래서 어떻게 되었죠?

<u>레이코프</u>　자, 한번 떠올려봅시다. 1970년대이고, 우리는 버클리에 있어요. 버클리대학은 샌프란시스코만 지역에 있고, 언론자유운동의

본산이자 1968년 문화혁명의 진원지이죠. 우리는 특별한 시대를 살고 있었습니다. 그래서 우리는 당시의 시대정신 속에서 그 학생이 겪고 있는 개인적인 위기를 포용하려 했습니다. 그녀가 당면한 위기에 대해 집단 토론을 하기로 결정했죠.

우리는 치료 목적을 갖는 이 집단 토론 속으로 꽤 깊숙이 들어갔습니다. 그때 우리는 이렇게 말했습니다. "좋아요, 당신의 남자 친구는 둘의 관계가 막다른 길에 다다랐다고 했어요. 그 말은 두 사람이 함께 가던 길을 계속 갈 수 없다는 의미이죠. 길을 되돌아 나와야 할지 모른다는 의미 말이에요." 이 시점에서 우리는 우리 자신이 사랑을 여행의 측면에서 말하고 있다는 사실을 깨달았습니다. 그래서 더 많은 실례들을 모아봤습니다. "울퉁불퉁한 길이었어." "우리는 갈림길에 있다." 등이었죠. 그리고 우리는 은유가 말 속에 있는 것이 아니라, 어떤 특별한 언어 표현의 이면에 놓여 있는 사유 활동의 일부라는 사실을 깨달았습니다.

__웨흘링__　그 여학생의 남자 친구는 이별을 단지 수사적으로 아름답게 전하기 위해 은유를 사용한 게 아니라, 은유를 통해 자신의 마음속 추론이 표현된 거군요.

__레이코프__　바로 그렇습니다. 그의 마음속에서는 관계가 탈것이었습니다. 자신을 막다른 골목길로 데려가는 게 아니라 이곳저곳으로 갈 수

있도록 도와주는 탈것 말이에요. 그래서 그는 자신이 아무 데도 가지 못하고 있다고 느꼈을 때 관계를 끝내기로, 즉 탈것에서 내리기로 결심했던 것이죠.

웨흘링 그는 아주 흔한 은유, 바로 [사랑은 여행] 은유를 사용했습니다. 많은 사람들은 연인 관계를 시작할 때 이 은유를 사용하죠.

레이코프 그런데 그에게는 이 은유가 자신을 아무 데도 데려다주지 않는 교착 상태를 끝내기 위한 의미로 쓰였습니다.

웨흘링 그 여학생은 어떻게 되었나요?

레이코프 그녀는 행복한 결혼을 했습니다. 물론 다른 남자와.

일상적 경험이
은유를 만든다

웨흘링　　우리가 은유를 통해 사유하는 까닭이 부분적으로는 우리의 뇌가 작동하는 방식 때문이라는 것을 보여주는 과학적인 증거가 있죠. 우리는 자라면서 엄청난 수의 이른바 '일차적 은유'를 자동적으로 습득합니다. 그중 어떤 은유도 의식적으로 선택하지 않았음에도 말이에요.[8]

레이코프　　그렇습니다. [많음은 위] 은유를 예로 들어볼까요. 이 은유는 세계 어느 문화에서든 찾아볼 수 있습니다. 사람들은 물가가 올랐다거나 내렸다고 말합니다. 주식이 천정부지로 솟거나 바닥을 친다고 표현하죠. 이 은유에 근거할 때, 많음은 공간상 더 위쪽으로 해석되고 적음은 공간상 더 아래쪽으로 해석됩니다. 이와 대칭되는 정반대의 사상(寫象)은 없습니다. 많음을 아래로 해석하는 은유는 없다는 뜻입니다. "부동산 가격이 사상 최저이다"라는 말을 부동산이 지난 몇 년에 걸쳐 더 비싸졌다고 이해하지는 않죠.

웨흘링 그러나 물가가 올라가는 곳은 단지 우리 마음속일 뿐, 실제로는 물가가 결코 그렇게 움직이지 않습니다. 물가는 수직성을 띠는 게 아니라 다소간 양(量)의 현상입니다. 하지만 우리는 물가가 올라가거나 내려간다고 지각합니다. 이는 우리의 마음이 자동적으로 [많음은 위] 은유를 적용하기 때문이죠.

여기서 흥미로운 질문이 떠오르는데요. 하필이면 왜 우리는 물가가 이리저리 돌아다니고 위아래로 움직이고 다시 올라간다는 생각을 할까요? 왜 우리는 양을 수직성의 관점에서 해석하는 은유를 사용할까요?

레이코프 이 질문의 답은 우리의 일상 경험에 있습니다. 유리잔을 물로 채울 때, 물을 더 많이 부을수록 수면이 올라갑니다. 책상에 한 더미의 책을 쌓을 때, 더 많은 책을 쌓으면 그 더미는 더 높이 올라가고요. 우리는 모두 양이 수직성과 상관관계를 지니는 이러한 경험을 공유합니다.

사실 양과 수직성은 뇌의 서로 다른 부분에서 처리합니다. 수직성은 세계 내 물리적 방위(方位)와 관련이 있는 지역에서, 양은 수와 물질을 다루는 지역에서 처리하죠. 이 두 지역은 심지어 뇌에서 바로 옆에 있지도 않습니다. 하지만 이 두 지역 사이에서 신경이 연결됩니다.

웨홀링 그 말씀은 모든 추론이 은유적이라는 의미인가요?

레이코프 그건 아닙니다. 유리잔에 더 많은 물을 부을 때 올라가는 수면을 예로 들어보겠습니다. 자, 그 수면은 실제로 올라갑니다. 우리는 "수면이 올라갔다"라고 말할 수 있죠. 이 말은 축자적이에요. 은유가 아닙니다. 하지만 "물가가 올랐다"라거나 "다이어트에도 불구하고 내 체중이 내려가지 않았다"라고 말할 때, 우리는 뇌가 경험에 근거하여 습득한 은유를 통해 생각하고 말하는 것입니다.

웨홀링 이 세계에서 살아가면서 우리가 하는 경험이 우리 뇌 속의 물리적 변화를 이끌어내죠.

레이코프 맞습니다. 모든 추론은 물리적입니다. 우리는 뇌를 통해 세계를 이해하고 뇌는 우리 몸의 일부이니까요. 어떤 추론 과정이든 언제나 **물리적** 과정입니다.

그리고 예컨대 은유는 인간의 사고를 구조화하는 모든 다른 것들과 마찬가지로 우리의 뇌에 깊이 뿌리박고 있습니다.[9] 여기서 흥미로운 질문이 나옵니다. "우리 뇌의 구조적인 세부 사항을 결정하는 것은 무엇인가?" 사실상 이 질문의 대답은 "대부분은 세계 내에서 일어나는 우리의 경험이 결정한다"입니다.

우리가 태어날 때 뇌에는 엄청나게 많은 신경 연결이 있고, 이것은 온갖 종류의 신경 다발을 서로 연결합니다. 하지만 점점 성장하여 5세쯤의 나이가 되면 이러한 연결의 절반은 사라집니다.

__웨흘링__ 잠깐만요. 그 말씀은 마치 우리의 사고 역량이 삶을 시작하는 처음 5년 동안에 절반으로 줄어든다는 것처럼 들리는데요.

__레이코프__ 전혀 그렇지 않습니다. 우리의 사고 역량은 줄어들고 있는 것이 아니라 형성되고 있습니다. 제기해야 할 타당한 질문은 "우리는 얼마나 많이 생각할 수 있는가?"가 아니라 오히려 "우리는 어떤 방식으로 생각할 것인가?"입니다.

태어날 때 우리에게는 단지 어마어마한 무작위의 신경 연결이 있습니다. 우리의 뇌는 이러한 신경 연결로 가득 차 있죠. 하지만 우리가 점점 나이 들어가면서 이 연결의 절반은 상실됩니다. 그리고 우리가 세계 내에서 겪는 경험은 우리가 어떤 연결을 계속 간직하게 되는가를 결정합니다. 특히 태어난 후 5년 동안 겪는 경험을 통해 규칙적으로 활성화되는 신경 연결은 뇌에서 강화됩니다.

<u>웨흘링</u>　　그리고 규칙적으로 활성화되지 않는 신경 연결은 사라지게 되죠. 바로 그러한 신경 연결을 강화할 체험적 토대가 전혀 없기 때문입니다.

　이런 그림이 제 마음속에 그려지네요. 우리의 경험은 우리의 뇌 속으로 들어와 뇌의 틀을 짜는 보이지 않는 손과 같습니다. 그런데 우리는 이러한 일이 진행되는 과정을 전혀 파악하지 못하죠. 그냥 자동적으로 일어나니까요.

<u>레이코프</u>　　맞습니다. 그렇게 표현하면 좋겠군요. 우리의 경험은 우리의 추론 방식을 구조화합니다. 어떤 시냅스를 더 자주 사용할수록 연결은 '더 강하게' 되고, 연결된 뉴런은 더 쉽게 활성화됩니다.

　조금 전에 우리가 논의했던 수직성과 양의 경우처럼 뇌의 두 지역이 동시에 활성화될 때, 이 두 지역은 강한 시냅스 연결을 확대합니다. 그리고 이 두 지역을 연결하는 신경 경로상의 분산 활성화를 통해 신경 회로가 형성되죠. 이 회로가 바로 은유입니다.

<u>웨흘링</u>　　인지과학에서는 이 기제를 '헵의 학습'*이라고 부릅니다.[10] 체험적 상관관계가 강한 신경적·인지적 연결로 이어진다는 것이죠.

＊　헵의 학습(Hebbian Learning) : 캐나다 신경심리학자 도널드 헵(Donald Hebb)이 제안한 "(뉴런들이) 동시에 활성화되면 서로 연결된다"라는 이론에 근거한 학습 원리이다. 이 원리에 따르면, 학습은 뉴런들 사이에 새로운 연결을 만드는 활동이며, 기억은 이러한 연결을 강화하고 유지하는 장치이다.

레이코프___ 그렇습니다. 그래서 우리의 인지 장치는 우리가 살아가면서 하는 경험으로부터 강력한 영향을 받습니다.

은유는
생각의 틀이다

웨흘링　　우리가 실재를 지각하는 이 신경 처리의 함축은 상당히 극단적으로 보입니다. 마치 사람들이 자신이 소망하는 방식으로 자유롭게 생각하지 못한다는 말처럼 들리거든요. 그 대신에 우리가 어떻게 생각하는가—더욱이 우리가 무엇을 생각할 수 없는가!—를 결정하는 것은 바로 우리 뇌의 생리이니까요.

레이코프　　그것은 사실입니다. 〔많음은 위〕 은유를 다시 한 번 살펴볼까요. 우리가 이 은유를 통해 추론하는 까닭은 수직성과 양이 일상적으로 동시에 발생하는 것을 보기 때문입니다. 따라서 우리의 뇌는 두 개념 사이에서 신경 연결을 습득합니다. 일단 이러한 일이 일어나면 우리는 수직성의 관점에서 양을 자동적으로 빈번하게 추론할 것입니다. 우리가 그렇게 하려고 의도하든 의도하지 않든 말이죠. 우리는 이에 대해 어떤 의식적인 선택도 하지 않습니다.

웨흘링　모든 사람들은 이러한 개념적 은유의 고도로 복잡한 체계를 자동적으로 습득합니다. 어떤 은유는 〔많음은 위〕처럼 본질적으로 단순하지만 복합적인 은유도 있죠.

레이코프　먼저 단순한 은유를 살펴봅시다. 그 좋은 사례는 〔논쟁은 물리적 대결〕 은유입니다. 당신은 논쟁을 **지배**할 수 있고, 논쟁에서 **패배**할 수 있으며, 강력한 논점으로 상대방에게 **일격**을 가할 수 있습니다. 우리는 어떤 논쟁의 결과를 두고 **대결**합니다.

웨흘링　잠깐만요. 논쟁과 물리적 대결은 사실상 비슷한 점이 많지 않나요? 예컨대 한 사람은 승리하고 다른 한 사람은 패배하죠. 우리가 논쟁에 대해 더 생생한 표현을 하기 위해 단지 전투 영역의 언어를 빌려 오기만 하는 게 아닐까요?

레이코프　실제로는 그렇지 않습니다. 우리가 물리적 대결을 통해 논쟁에 대해 말하는 까닭은 논쟁에 대해 자동적으로 바로 이러한 방식으로 **사유**하기 때문입니다. 우리는 이 은유적 사상을 어떻게 습득할까요? 어린 시절부터 우리는 두 영역을 동시에 경험해왔습니다. 우리는 부모님과 논쟁하며, 동시에 그들과 물리적으로 대결합니다. 당신도 다음과 같은 상황을 회상할 수 있을 것입니다. 당신의 어머니는 당신이 어떤 일을 하기를 바랍니다. 예컨대 다른 아이와 놀기 위해 길 건너로 달려가지 않기를 바라죠. 어머니는 당신의 팔을 잡고서 이렇게 말합니다. "안 돼, 멈춰라. 여기에 있어야 해." 그때 당신은 어머니를 떼어내려 몸을 흔들면서 이렇게 탄식하죠. "하지만 난 가서 놀고 싶단 말이에요!"

자, 물리적 대결과 언어적 논쟁을 동시에 하는 이리한 경험은 〔논쟁은 물리적 대결〕이라는 단순한 은유를 만들어냅니다.

<u>웨흘링</u>　사람들은 논쟁하기 은유에 관해 보통은 〔논쟁은 전쟁〕을 인용합니다. 이 구성은 어쨌든 개념적 은유 이론의 대표적인 상징이 되었죠.

<u>레이코프</u>　그래요, 전쟁의 관점에서 논쟁을 해석하는 은유적 사상이 있습니다. 예컨대 우리는 논쟁에서 우리 자신의 **전열을 배치**한다는 말을 하고, 말로 **전투합니다**! 맞습니다. 〔논쟁은 전쟁〕 은유는 아주 실재적이죠. 하지만 이 은유는 단지 〔논쟁은 물리적 대결〕 은유의 특별한 한 사례일 뿐입니다.

<u>웨흘링</u>　말로 '**전투를 한다**'고요? 죄송하지만 약간 터무니없어 보이지

않나요?

레이코프 ——— 그렇지 않습니다. 우리는 모두 말을 은유적으로 '무기'로 해석합니다. 우리는 표적이 된 논평이라는 말을 하고, 우리의 말로 뭔가를 겨냥하며, 말로 누군가에게 타격을 가하고, 심지어 그들을 해치기도 합니다. 당신 역시 "좋아, 쏴봐(말해봐, Shoot)!"라는 말로 얼마나 자주 학생들에게 발표하라고 격려하는지 셀 수조차 없을 것입니다.

웨흘링 ——— 하긴 그렇군요. 〔논쟁은 전쟁〕 은유를 더 자세히 살펴보죠. 이 은유는 여러 부분으로 구성된 복합적인 은유입니다.

레이코프 맞습니다. 무엇보다도 전쟁 그 자체가 은유적으로 개념화되었죠. 우리의 사유에서 두 국가의 전투는 두 국가의 물리적 대결로 이해됩니다. 그러나 실제로는 국가는 서로 물리적인 전투를 할 수 없습니다. 국가의 지위에 대해 생각할 때, 우리는 흔히 〔국가는 사람〕 은유를 적용합니다.

웨흘링 ——— 국가 간에 서로 대화한다, 국가끼리 친구나 적이 된다, 어떤 국가는 우리의 이웃이다……. 이는 〔국가는 사람〕 은유에 대한 단지 몇 가지 사례에 불과하죠.

레이코프 그리고 이 〔국가는 사람〕 은유에 근거할 때, 전쟁은 두 국가/사람 사이의 물리적 대결입니다. 이제 〔논쟁은 물리적 대결〕 은유를 더하면, 우리는 전쟁이 물리적 대결의 특정한 한 사례인 〔논쟁은 전쟁〕 은유에 도달합니다.

웨흘링 이 모든 단계를 건너뛰고 '논쟁은 그냥 논쟁'이라고 할 수는 없을까요?

레이코프 시도는 자유예요. 하지만 큰 기대는 하지 않는 것이 좋습니다. 우리의 언어와 사유에서 은유를 피하기란 불가능합니다. 우리는 뇌의 물리적 실재를 무시할 수 없어요. 어느 날 잠에서 깨어 "난 더 이상 은유를 통해 사유하지 않을 거야"라고 말할 수는 없죠. 은유적 사유는 자동적이기 때문입니다. 우리의 뇌에서 우리는 논쟁할 때 서로 대결합니다. 이것이 핵심이죠. 당신의 명제로 돌아가 봅시다. 아닙니다. 우리는 절대로 논쟁을 그냥 논쟁이라고 생각할 수 없습니다. 우리가 양(量)을 그냥 양(量)이라고 생각할 수 없는 것과 마찬가지로요. 우리는 모두 인간이라는 존재로서 이 세계에서 어떤 경험을 공유하고, 그러한 경험 덕택에 우리의 뇌는 어떤 은유적 사상을 습득할 수밖에 없습니다.

웨흘링 여전히 많은 사람들은 대상을 세계 내에 존재하는 그대로 축자적으로 지칭할 수 있다고 믿습니다. 또한 은유가 의사소통의 물을 흐린다고 믿죠. 존 로크는 이렇게 단언한 적이 있습니다. "의심할 바 없이 청자에게 정보나 가르침을 준다고 주장하는 어떤 담화에서든 은유는 완전히 피해야 한다. 진리나 지식에 관한 한 은유는 중대한 퇴행(misstep)으로 봐야 한다. 이 퇴행은 언어 자체의 퇴행이거나 은 유적 언어를 사용하는 사람의 퇴행이다."

<u>레이코프</u>　로크의 은유에 주목해볼까요. '퇴행'이라는 말을 할 때 로크 는 행동을 은유적으로 이동이라고 해석합니다. 그리고 사람이 언어를 '사용한다'는 말을 할 때에는 언어를 은유적으로 도구라고 해석하죠.

　로크는 실재 그 자체가 우리의 개념 체계와는 독립적으로 세계 내 에 존재한다고 가정했습니다. 그는 우리가 사물을 객관적으로 존재 하는 그대로 지각할 수 있으며, 순전히 축자적으로 말하고 사유할 수 있다고 주장했어요.

　객관적 실재에 대한 이 가정은 오류입니다. 우리는 세계를 개념적 은유와 같은 수많은 심적 기제를 통해 지각합니다. 우리는 세계 내 사물을 탈신체화된 객관적인 방식으로 이해할 수 없습니다. 우리가 '실재'라고 부르는 그 대상은 세계 내 사물의 본성뿐 아니라 우리 뇌 와 신체의 본성에도 의존합니다.[11] 우리는 수많은 개념을 우리 뇌가 시간의 흐름상에서 개발한 은유적인 사상 기제를 통해 이해합니다.

<u>웨흘링</u>　　예컨대 상당히 추상적인 개념에 대한 사유는 은유 없이 거의 불가능하죠.

<u>레이코프</u>　　맞습니다. 애정이라는 개념을 예로 들어볼까요. 우리는 일반적으로 친절한 사람들을 마음이 따뜻하다고 묘사합니다. 또는 어떤 사람은 마음이 차갑다고 말합니다. 당신은 만났던 사람들에게 따뜻하게 대할 수 있습니다. 그리고 때로는 어떤 사람과 훈훈한 관계를 맺는 데 많은 시간이 걸리기도 합니다. 사람들 사이의 관계는 차갑게 식을 수도 있습니다. 이런 식이죠.

　이처럼 우리는 다소 추상적인 개념인 애정을 은유, 구체적으로 [애정은 따스함] 은유를 통해 이해합니다.

<u>웨흘링</u>　　우리가 이렇게 이해하는 이유는 아동기의 경험 때문인가요? 부모님이 우리를 팔로 안을 때마다 우리는 따스함과 애정을 함께 경험했으니까요. 그래서 우리 뇌에서는 온도 계산 지역과 감정 계산 지역이 계속 동시에 활성화되는 것이죠. 우리의 '신체화된 마음'은 이 두 개념 사이의 연결을 학습했고요. 바로 이 두 개념이 우리의 경험 속에서 반복적으로 동시에 발생하기 때문이 아닐까요?

<u>레이코프</u>　　바로 그렇습니다. 그리고 심지어는 이 두 지역이 뇌 속에서 바로 옆에 있지도 않지만, 우리는 반복적으로 출현하는 이 경험을 통

해 이러한 지역 사이의 연결을 '학습'합니다. 이는 결코 합리적인 선택이 아닙니다. 이러한 연결은 피할 수가 없습니다. 우리는 이러한 연결이 일어날 때 의식조차 못 하니까요.

웨흘링   동일한 일이 〔논쟁은 물리적 대결〕 은유에서도 일어납니다. 우리가 의식적으로 물리적 전투의 측면에서 논쟁에 대해 추론하기로 결정하지는 않지요.

레이코프   물론 우리는 그렇게 하지 않습니다. 이 은유의 사용은 완전히 자동적이죠. 이는 우리의 일상적인 무의식적 추론의 일부입니다.

나는 내가 무엇을
생각하는지 알 수 없다

웨흘링_____ 선생님은 방금 이렇게 말씀하셨습니다. "은유는 우리의 일상적인 무의식적 추론의 일부이다." 이 말씀에 우리 독자들 중 적잖은 분들은 당연히 이렇게 눈살을 찌푸릴 것입니다. '일상적인 무의식적 추론이라고? 자, 난 여러분에 대해서는 모르지만, 나 자신이 무엇을 생각하는지는 알고 있다고.'

레이코프_____ 우리는 그러한 독자들에게 실망을 안길 수밖에 없습니다. 우리는 사람들이 대부분의 시간—98퍼센트의 시간—동안 자신이 무엇을 생각하는지를 알지 못한다고 말해도 되니까요.[12] 대략 그 정도가 우리에게 여전히 무의식적으로 남아 있는 인간 사유의 비율입니다.

웨흘링___ 프로이트(Sigmund Freud)가 말하는 '무의식적 사고'는 우리가 우리 사유의 그러한 부분에 접근조차 할 수 없다는 것을 암시합니다. 그렇다면 은유적 사상(寫象)은 어떻게 세계에 대한 우리의 일상적인 지각을 안내할 수 있나요? 만일 우리가 그러한 부분에 접근조차 할 수 없다면 말이죠.

레이코프___ 인지과학이 정의하는 식의 무의식적 사고는 프로이트의 무의식 개념과는 전혀 관련이 없습니다. 인지과학에서의 무의식적인 마음은 우리가 단지 주목하지 않고 성찰하지 않으며 통제할 수도 없는 우리 추론의 모든 부분을 지시합니다.

웨흘링___ 사람들은 우리 자신의 생각을 계속 명확히 유지하고 정리하려면 이 생각을 들여다볼 통찰이 우리에게 필요하다고 생각할 것입니다. 우리는 어떻게 자신의 개념을 파악할 수 있을까요? 만일 그러한 개념을 충분히 의식하지 못한다면 말이죠.

레이코프___ 타당한 질문입니다. "우리는 도대체 어떻게 우리의 생각을 안내하는 모든 심적·신경적 기제를 그럭저럭 이해할 수 있는가?" 다만 당신은 우리가 개념의 심적 구조를 자각하지 않고서 어떻게 개념을 파악할 수 있는지 물었습니다.

이 질문을 제기할 때, 당신은 자신이 〔아이디어는 물건〕 은유를 사용하고 있다는 사실에 대해 의식적으로 성찰했나요? 아이디어를 파악할 때 당신이 아이디어를 은유적인 물건으로 취급하는 은유적 행위자가 된다는 사실을 의식했나요? 흔히 어떤 아이디어를 파악하기 쉽다고 말할 때, 아이디어를 교환한다는 말을 할 때, 터무니없는 아이디어는 매장한다고 표현할 때, 우리가 이 은유를 사용한다는 것을 의식하나요?

당신은 아이디어를 다른 은유, 예컨대 [아이디어는 음식]을 통해서도 이해할 수 있다는 사실에 대해 의식적으로 생각해봤나요? [아이디어는 음식] 은유는 아이디어를 꼭꼭 씹는다, 아이디어를 삼킨다, 아이디어를 소화한다, 피드백 의견을 준다* 등의 표현을 유도합니다.

아니면 당신은 [아이디어는 위치] 같은 또 다른 은유를 의식적으로 생각하면서 사용하나요? 이 은유는 이 아이디어에서 저 아이디어로 건너뛴다, 좋은 아이디어에 도달한다, 터무니없는 아이디어로부터 거리를 둔다, 해결책에 접근한다 등의 표현을 이끌어냅니다.

당신은 이 모든 선택 방안에 대해 곰곰이 생각해봤나요? 그렇지는 않았을 거예요. 만약 그랬다면 저는 당신이 질문을 구성하는 데 오랫동안 기다려야 했을 것입니다.

---

* '피드백 의견을 주다(give feedback)'가 개념적 은유인 [아이디어는 음식]의 언어적인 발현 사례인지는 쉽게 파악하기 힘들다. 하지만 영어에서는 feed의 뜻('먹이를 주다')에서 보듯이 이 은유의 언어적 사례인 것이 분명하게 드러난다.

웨흘링 ＿＿＿ 그렇지만 전문적으로는 말입니다. 만약 사람들이 그러한 시간을 투자한다면, 자신이 보통은 계속 자각하지 못하는 개념적 기제에 대한 의식적인 이해에 도달할 수도 있죠. 결국 이것이 바로 인지과학 연구에서 우리가 하는 일이고요. 인지과학은 인간의 일상 인지와 일상 언어의 무의식적 부분을 탐구하니까요.

레이코프 ＿＿＿ 물론입니다. 당신은 사람들의 의사소통과 의사 결정, 일반적인 실재 인식의 이면에 있는 개념들과 기제들의 복합적인 체계를 분석할 수 있습니다. 이것이 바로 인지과학 연구에서 하는 일이고, 그래서 우리는 이 복합적인 체계를 점점 더 많이 이해하기 시작합니다.

동일한 사물에 대한
다양한 생각들

웨흘링___ 우리는 방금 우리 자신의 사유에 대해 사유할 때 일상적으로 사용하는 수많은 상이한 은유를 논의했습니다. 즉, 우리는 하나의 동일한 아이디어와 대상, 행위, 감정에 대해 다수의 은유적 사상을 지닐 수 있죠. 그 밖의 어떤 것에 대해서도 마찬가지이고요.

레이코프___ 우리가 이렇게 할 수 있는 것은 서로 상관관계가 있는 다방면의 경험이 있기 때문입니다. 하나의 예로서 목적 있는 행동 개념을 살펴보죠. 은유적으로 말하자면, 이 개념은 가고 싶은 곳으로 당신을 데려다주거나, 갖고 싶은 것을 당신에게 구해주는 행동 유형입니다.

웨흘링___ 전자의 은유를 사용할 때 우리는 행동의 목적을 지리적 목적지로 해석하고 행동을 그러한 목적지를 향한 이동으로 해석합니다. 이것이 이른바 〔목적은 목적지〕 은유죠. 여기서 흥미로운 질문이 나옵니다. "우리는 왜 이 은유를 사용하는가?"

레이코프 글쎄요, 우리는 모두 이곳에서 저곳으로, 즉 출발점에서 목적지로 이동하고 싶은 이유가 무엇인지를 압니다. 예컨대 아이인 당신은 자신의 담요가 필요하고, 그 담요는 부엌에 있습니다. 그 담요를 얻기 위해서는 부엌으로 가야 하며, 일단 부엌에 도달하면 당신 행위의 목적은 이미 달성한 것입니다. 은유적으로 말하자면, 당신의 목적에 도달했습니다. 날마다 어떤 목적지를 향해 이동함으로써만 달성할 수 있는 목적이 여럿 있죠. 바로 이러한 식으로 우리는 이 은유를 습득합니다. 그래서 목적을 갖고 목적지를 향해 이동하는 이 경험은 일반화되어 온갖 종류의 목적 있는 행동에 적용됩니다. 우리는 "나는 내 직업상의 목적에 도달했어"라는 말을 하며, 이 말은 내 행위의 목적을 달성했다는 것을 의미합니다.

웨흘링 여러 표현들이 이 은유적 사상에서 나오죠. "나의 목적에 아직 도달하지 못했다." "내 목적에 도달하기 전에 많은 우회로를 거쳤다." "직업 이력에서 많은 장애물을 넘었다." "정상으로 가는 길에서 많은 장애물을 돌아가야 했다." "더 균형 잡힌 생활양식을 향해 방향을 다시 정했다." "나는 삶에서 앞서 있다." 이 밖에도 이 사상에서 나오는 표현은 아주 많습니다.

그런데 선생님, 목적 있는 행동에 대해 두 가지 은유적 사상이 있다고 말씀하셨는데요. 두 번째 사상은 어떤가요? 우리는 왜 우리 행동의 목적을 물건이라고 말할까요?

레이코프___ 우리는 모두 어떤 물건을 원하는 경험을 합니다. 예컨대 어린아이인 당신은 테디베어를 원합니다. 그 곰 인형이 선반에 놓여 있다면 당신은 부모님이 주목하도록 인형을 분명히 가리키겠죠. 아마 당신은 시간이 얼마나 걸리든 울지도 모릅니다. 그런데 일단 팔에 그 인형을 안으면 당신 행동 — 가리키기와 울기 — 의 목적은 달성됩니다. 이때 당신의 뇌는 목적 있는 행동과 물건 습득 사이의 사상을 학습하게 되죠. 바로 이러한 이유에서 우리는 행동의 목적을 달성했다는 것을 나타내기 위해 "나는 삶에서 원하는 것을 얻었어"와 같은 문장을 사용합니다. 우리는 어떤 성과를 손에 넣을 수 있습니다. 우리는 인생에서 높은 곳에 다다를 수 있고, 때로는 우리의 목적이 너무 멀리에 있을 수 있습니다. 우리는 상황 통제력을 잃을 수도 있고요. 또한 잘못된 결정을 하여 우리의 직장 생활이나 결혼 생활을 망쳐버릴 수 있습니다.

요컨대 우리는 동일한 사물에 대해 둘 이상의 서로 다른 은유적 사상을 통해 사유할 수 있습니다. 이것은 아주 흔한 일입니다.

웨흘링   예컨대 사랑은 우리의 삶에서 엄청난 역할을 하는 추상적인 개념입니다. 사랑에 대해 우리가 사유하는 방식에 근거하여 전 세계에서 내리고 있는 모든 결정을 떠올려보세요. 옳은 결정으로 판명이 나든 그른 결정으로 판명이 나든, 그러한 결정은 대부분 사람들이 사랑에 대해 추론하기 위해 사용하는 은유에 의존합니다.

사랑에는 많은 다른 은유가 있죠. 삶의 공통 목적을 향한 〔여행으로서의 사랑〕, 공통의 짐과 이익이 있는 〔동반자 관계로서의 사랑〕, 〔하나의 단위가 되는 것으로서의 사랑〕, 두 사람 사이의 연결 기능을 하는 〔보이지 않는 손으로서의 사랑〕 등을 떠올려보십시오. 〔열로서의 사랑〕도 있군요. 바로 이 은유 때문에 우리는 사랑이 차갑게 변했다는 말을 때때로 합니다. 이 밖에도 사랑에 대한 은유는 많습니다. 이러한 은유는 모두 우리 삶의 상이한 체험에 토대를 두고 있죠.

레이코프   그런데 이러한 다양한 은유 중 일부는 수많은 문화에서 공유하지만, 다른 은유는 그렇지 않습니다.

우리는 서로 다른
은유를 사용하고 있다

웨흘링___ 중요한 핵심을 말씀하셨네요. 모든 은유적 사상을 모든 사람들이 공유하는 것은 아니죠.

레이코프___ 바로 그겁니다. 인간의 몸이 세계 내에서 제 기능을 발휘하는 방식에 근거하여 우리가 학습하는 은유만을 수많은 문화에서 공유합니다.[13] 예컨대 〔화는 열〕 은유는 모든 인간이 다 학습하죠. 우리는 모두 화를 낼 때 체온이 오르는 경험을 합니다. 화의 느낌과 체온의 증가가 상관관계를 지니고 있고, 뇌의 관련되는 두 지역이 동시에 활성화되고, 이 신경 연결이 강화됩니다. 자, 바로 이거예요.

웨흘링___ 그러나 모든 은유가 다 이렇게 근본적이거나 대부분 문화로부터 독립적이지는 않습니다. 사람들은 서로 다른 문화에서 성장하며 서로 다른 문화적 경험과 하위문화적 경험을 하니까요. 그래서 사람들은 서로 다른 은유를 학습합니다. 사회적 경험은 은유 학습에 아주 강력한 영향을 미칠 수 있습니다.[14]

레이코프 ____ 맞습니다. 사랑 개념에서도 그렇죠. 상이한 문화에는 이 개념에 대한 상이한 은유적 사상이 있습니다. 〔사랑은 여행〕 은유를 볼까요. 이것은 두어 개의 더 작은 은유적 사상에 의존하는 복합 은유입니다. 예컨대 사랑 관계는 탈것으로 이해됩니다. 이 은유적 사상은 언어 속 어디에라도 존재합니다. "그들의 결혼은 좌초되었다"에서는 사랑 관계가 배이고, "그들의 결혼은 헛바퀴를 돌리고 있다"에서는 자동차입니다. 왜 이런 은유적 사상을 사용할까요? 바로 탈것은 우리가 한 장소에서 다른 한 장소로 이동하기 위해 사용하는 수단이기 때문입니다. 따라서 만일 삶의 목표를 공유한다면 두 사람은 '관계 탈것'을 타고 그 목표를 향해 함께 나아갈 수 있습니다. 그리고 또 하나의 사상, 즉 〔삶의 목적은 지리적 목적지〕가 우리의 논의와 직접적인 관련이 있다는 점에 유의해야 합니다. 만일 이러한 두 요소를 함께 포착한다면, 왜 관계상의 어려움을 이동상의 어려움이라고 말하는지가 보이기 시작합니다. 어떤 연인들은 장애물을 넘어서서 자신들의 길을 함께 찾을 수 있습니다. 사람들이 이혼하는 이유는 자신들이 각각 정반대의 방향으로 가고 있다고 생각하기 때문입니다.

웨흘링 ─── 그러니까 상대방과 사랑 관계를 시작할 때, 사람들이 하는 일은 인지적으로 말하자면 자동차 속으로 들어가거나 기차에 올라타거나 배에 승선하는 거군요.

레이코프 ─── 그건 틀림없습니다. 어떤 사람들은 심지어 우주선이나 잠수함, 열기구, 곤돌라에 탈지도 모르죠. 이 〔관계는 탈것〕 은유는 어디에서나 볼 수 있습니다. 이것은 관계에 대한 유일한 은유가 아니지만 많은 문화에서 아주 흔합니다.

웨흘링 ─── 왜 하필이면 탈것일까요? 삶의 공동 목표를 향해 우리는 왜 그냥 걸어갈 수 없는 거죠?

레이코프 ─── 두어 가지 이유가 있습니다. 첫째, 탈것은 그릇입니다. 그리고 관계는 은유적으로 보통 그릇으로 이해됩니다. 우리는 새로운 관계 속으로 들어가고 관계 속에 머무르며 관계 밖으로 나옵니다. 이 〔관계는 그릇〕 은유는 아주 기본적인 은유이죠. 그래서 탈것, 즉 그릇의 한 유형은 이 구성물과 자연스럽게 어울립니다.

둘째, 탈것은 한정된 공간을 지닌 그릇입니다. 이 공간에서는 승객들이 물리적으로 서로 가깝습니다. 자, 〔친밀함은 가까움〕은 인간관계에 대한 추론과 관련하여 우리의 핵심적인 은유 중 하나입니다. 어떤 관계에 있는 사람들은 가까울 수 있고, 멀어질 수도 있으며, 서로 거리를 둘 수도 있지요.

웨흘링 _____ "내 애인과 나는 그녀의 작년 사고 이후만큼 가까운 적이 한 번도 없었어"라고 말하는 사람은 [친밀함은 가까움] 은유를 사용하는 것이죠. 그의 말은 그들이 의자에 서로 그렇게 가까이 앉아 있어 본 적이 없다는 의미도 아니고, 그들이 침대에서 그렇게 가까이 자 본 적이 없다는 의미도 아닙니다. 그가 하는 이 말의 의미는 그들이 전에는 서로 그렇게 친밀한 연결감을 느낀 적이 없었다는 것이니까요.

레이코프 _____ 바로 그겁니다. 그렇다면 왜 우리에게 이 사상이 생겼을까요? 어린아이일 때 우리와 친밀한 사람들이 물리적으로 가까이에 있다는 사실을 학습하기 때문입니다. 부모님은 우리를 팔로 안고, 형제 자매는 우리와 한방을 씁니다. 온 가족이 한집에서 살죠. 바로 이러한 유형의 경험에서 [친밀함은 가까움] 은유가 나옵니다.

자, 이제 이러한 은유적인 요소들이 다 함께 모여서 복합 은유 [사랑은 여행]이 됩니다. 이 은유에서 관계는 두 사람이 서로 가까이 앉아 삶의 공동 목적을 향해 함께 나아가는 탈것이죠.

웨흘링 _____ 그런데 만일 [사랑은 여행]이 직접적인 물리적 경험에만 토대를 두고 있다면, 이 은유를 전혀 모르는 사람들, 다시 말해 그렇게 하고 싶어도 이 은유의 측면에서 추론할 수 없는 사람들이 있어야 합니다.

레이코프 맞습니다. 다음의 이유 때문에 실제로 〔사랑은 여행〕 은유에 익숙하지 않은 사람들이 있습니다. 삶의 목표를 향해 은유적으로 함께 나아가기 위해서는 먼저 '삶의 목적'과 같은 개념이 있어야 합니다. 그리고 어떤 사람들에게는 놀라운 일일지 모르지만, 우리는 삶의 의미가 목적을 추구하고 목적에 도달하는 것이라고 해석하지 않는 몇몇 문화를 알고 있습니다. 그러한 문화에는 사랑이 삶의 공동 목적을 향한 여행이라는 식의 은유적 사상을 습득하기 위한 어떤 토대도 없지요.

웨흘링 그런데 이것이 일부 사람들에게서 이 은유적 사상이 출현하지 않는 유일한 이유는 아닙니다. 여성을 남성보다 극단적으로 경시하는 문화가 있어요. 그러한 문화에서는 사랑을 삶의 공동 목적을 향한 여행으로 해석하는 은유가 출현하지 않습니다. 이유는 분명합니다. 남편들만이 삶의 목적에 대한 결정을 내리게 되어 있으니까요. 아내는 남편의 결정을 따르기만 하죠. 이러한 문화적 맥락에서는 사랑을 삶의 목표를 향한 여행으로 해석하는 은유는 의미가 통하지 않습니다.

레이코프 그 점은 분명합니다. 그래서 요컨대 사회적 경험이 어떤 은유가 우리의 일상적 삶의 개념적 토대가 될 것인지, 그리고 어떤 은유에 우리가 접근할 수 없을 것인지에 강력한 영향을 미칠 수 있습니다. 만일 우리의 은유에 문화적 차이가 있다면, 이 차이는 아마도 뇌구조의 차이에 의존할 것입니다.

'감추기'와 '부각하기'에 주목하라

웨흘링   은유적 인지가 우리의 상황 지각에 어떻게 영향을 미치는지 조금 더 자세히 논의해보고 싶군요.

레이코프   아테네에 가봤나요?

웨흘링   예, 가봤습니다.

레이코프   그곳에 있는 버스를 자세히 본 적이 있나요?

웨흘링   버스라면 대중 운송 수단을 말씀하시는 건가요?

<u>레이코프</u>　예.

<u>웨흘링</u>　아니요, 자세히 보진 않았는데요.

<u>레이코프</u>　그러면 제가 아테네의 버스에 무엇이 쓰여 있는지 말해줄게요. 바로 '메타포로이(metaphoroi)'입니다. 'metaphor(은유)'는 어원이 그리스어이고 축자적으로 '사물을 다른 한 장소로 옮기다'를 의미합니다. 따라서 은유적 인지는 (보통은 더 추상적인) 한 인지영역에 대해 사유하기 위해 (보통은 우리가 세계 내에서 직접 경험할 수 있는) 다른 한 인지영역의 요소에 의지한다는 것을 의미합니다.

<u>웨흘링</u>　인지언어학에서는 이 두 영역에 이름을 붙이죠. 직접 경험할 수 있는 인지영역은 근원영역이고 더 추상적인 인지영역은 목표영역이라고요. 근원영역의 의미 요소와 관계 구조가 목표영역으로 사상(寫像)됩니다. 그래서 이 개념적 과정은 은유적 사상이라고 불립니다.[15] 그렇지만 주어진 한 근원영역의 모든 요소가 다 목표영역으로 사상되지는 않는다는 점을 지적하고 싶군요.

<u>레이코프</u>　그 이유는 만일 모든 요소가 한 영역에서 다른 한 영역으로 사상된다면, 우리는 더 이상 두 개의 개념적 영역을 살펴보고 있는 것이 아니라 단지 하나의 개념을 살펴보고 있는 것이기 때문입니다.

은유적 사상은 영역 A에서 영역 B로 모든 요소와 모든 구조를 다 사상하지는 않는다는 의미에서 완전히 포괄적이지는 않습니다.

웨흘링___ 그리고 이 점은 은유에 대해 가장 흥미롭고 호기심을 자극하는 것 중 하나이죠. 은유는 자신을 제약하는 어떤 성분을 지니고 있습니다.

레이코프___ 그렇습니다. 다른 은유를 사용할 수도 있고 아예 은유적 구조가 없는 표현을 사용할 수도 있지만, 우리는 어떤 주어진 은유를 사용합니다. 이 경우에는 언제나 우리는 근원영역이 제공하는 구조에 국한하여 목표영역을 이해하게 됩니다. 그리고 이와 동시에 근원영역이 제공하는 구조는 목표영역의 어떤 국면에 윤곽을 부여하죠. 따라서 은유는 목표영역에 내재하는 것을 감추기도 하고 부각하기도 합니다.

웨흘링___ 은유적 인지의 이 선택적 본성은 실재에 대한 우리의 지각에 상당한 함축을 지닙니다.

레이코프___ 그렇죠. 우리가 사용하는 은유가 어떤 주어진 쟁점의 어떤 국면에 초점을 맞출 것인가, 그리고 우리의 마음이 어떤 국면을 무시할 것인가를 결정하니까요.

우리 사회의 도덕관

도덕적 배상과 응징

웨흘링___ 조금 전에 우리는 은유가 사고의 문제이자 언어의 문제, 행위의 문제라고 말했습니다. 그렇다면 은유가 공동의 사회적 행위에 영향을 미치는 예로는 무엇이 있을까요?

레이코프___ 도덕성 개념을 예로 들어보죠. 도덕성은 정치의 아주 중요한 동력입니다. 더욱이 도덕성은 추상적인 개념, 즉 우리 마음이 은유적 사상을 통해 무의식적으로 자연스럽게 처리하는 개념이지요.

도덕성에 대한 상당히 많은 상이한 은유가 있습니다. 도덕성에 대해 사유하는 하나의 방식은 [도덕적 회계] 은유를 사용하는 것입니다.[16] 이 은유는 평안함에 대한 우리의 경험에 근거합니다. 그런데 이것은 일반적 현상입니다. 도덕성에 대한 우리의 모든 은유적 사유는 이렇게 평안함에 대한 경험에 토대를 두고 있습니다. 이런 식이죠. 평안함을 최대화하는 것은 '선하다', 즉 '도덕적이다'. 반대로 우리의 평안함을 최소화하는 것은 '악하다', 즉 '비도덕적이다'.

자, 이제 [도덕적 회계] 은유의 기원을 살펴봅시다. 살아가면서 우리는 필요로 하는 것들이 우리에게 있을 때 더 평안하다는 사실을 경험합니다. 그래서 [평안함은 부] 은유가 있습니다. 그리고 이 일반적인 은유를 회계 개념과 결합할 때, 당신은 다음과 같은 의미의 은유적인 도덕적 회계에 도달하게 됩니다. 도덕적 행위를 통해 평안함을 최대화하는 것은 부의 증가로 개념화되고, 비도덕적 행위를 통해 평안함을 최소화하는 것은 부의 감소로 개념화되는 것이죠.

웨홀링 ___ 이 사유로부터 우리가 일상에서 사용하는 많은 표현들이 나옵니다. 만일 누군가가 우리에게 호의를 하나 베푼다면, 우리는 나중에 하나의 호의를 되돌려줍니다. 그렇게 할 때까지 우리는 도덕적 빚이 하나 있다고 생각하죠. 이런 식으로 계속됩니다. 중요한 점은 우리가 이런 식으로 도덕성에 대해 사유하고 말할 뿐 아니라 우리의 행위도 이 은유에 근거한다는 것입니다. 그런데 정반대의 상황이 발생하여 사람들이 서로에게 호의를 베풀지 않고 해를 가한다면 어떻게 될까요?

레이코프 ___ 이 역시 재미있습니다. 사람들이 해에 대해 사유하고 말하며 그에 따라 행동하는 방식도 서로 다릅니다. 우선 뭔가 나쁜 일을 행한 사람은 보답으로 뭔가 착한 일을 하여 회계 장부의 균형을 맞출 수 있습니다. 도덕적 배상의 개념이죠. 이는 우리가 비도덕적 행위를 했다면 도덕적 배상을 통해 균형을 맞출 수 있다는 개념입니다. 나쁜 일을 했을 때에는 대략 동일한 수준의 비중을 지닌 선한 일을 함으로써 도덕적 질서를 복구하려는 것이죠.

하지만 〔도덕적 회계〕 은유로부터 발생하는 또 다른 추론도 있습니다. 이 추론은 우리에게 아주 다른 애기를 남겨줍니다. 바로 이런 애기입니다. 뭔가 나쁜 짓을 한 사람은 다른 사람들로부터 나쁜 짓을 되돌려 받습니다. 어떤 사람이 해를 끼쳤으면 이 나쁜 사람에게 해를 가하여 보상하도록 하는 것이지요. 이렇게 하면 도덕 장부의 수지 균형이 맞게 됩니다. 이것이 도덕적 응징의 개념입니다. 그러면 복수(復讐)가 됩니다. 이 개념은 더 복합적이에요. 복수는 일종의 도덕적 산술을 사용합니다. 이 산술에서는 사람들에게서 좋은 것을 빼앗는 것이 사람들에게 나쁜 일을 하는 것과 등가입니다. 이는 축자적인 회계의 은유적 유형입니다. 이 유형의 회계에서는 신용을 없애는 것이 빚을 부과하는 것입니다. 이것이 바로 복수 문화가 작동하는 방식이죠.

웨흘링　　달리 말하면, 만일 어떤 사람이 선생님에게서 한 점의 평안을 빼앗아 간다면, 선생님에게는 두 가지 선택 방안이 있는 거군요. 선생님은 그로 하여금 선생님을 위해 뭔가 좋은 일을 하게 함으로써 선생님의 평안을 복원하도록 할 수 있고, 아니면 선생님이 그에게 뭔가 나쁜 일을 함으로써 그에게서 한 점의 평안을 빼앗을 수 있지요.

레이코프___ 그렇습니다. 그런데 두 경우 모두 우리는 이 장부의 수지 균형을 맞춥니다. 즉, **동등**하게 됩니다. 그리고 이는 정의(正義)의 한 형태로 이해됩니다.

웨흘링___ 그런데 만일 그렇게 하지 못한다면, 우리는 청산해야 할 빚을 안게 되는군요.

레이코프___ 그렇죠. 보다시피 우리가 도덕성에 대해 사유하는 방식은 전적으로 은유에 의존합니다. 도덕적 쟁점을 처리할 때, 사람들은 보통 〔도덕적 회계〕 은유를 사용합니다. 사람들이 배상 개념을 따르든지 응징 개념을 따르든지, 도덕 장부는 수지 균형이 맞아야 합니다. 비도덕적 행위에 대해서는 어떤 식으로든 보상을 받아야 하죠.

우리가 모르는
정치적 언어의 위험들

웨흘링___ 우리는 은유의 선택적 기제―은유가 실재를 감추기도 하고 부각하기도 한다는 사실―에 대해 이미 언급했습니다. 이 사실이 정치적 추론에 대해 갖는 함축은 엄청나죠. 즉, 공적인 담화에서 사용하는 은유는 사람들이 무엇을 생각하는지, 그리고 무엇을 무시하는지를 결정할 수 있습니다!

레이코프___ 맞습니다. 우리 사유의 대상이 되는 세계 내의 모든 것―행위, 사물, 감정, 정책 이슈 등―은 단지 하나의 근원영역뿐 아니라 많은 다른 근원영역을 통해서도 해석할 수 있습니다. 그렇지만 그러한 다수의 상이한 근원영역은 결코 동시에 사용되지 않아요. 오히려 우리 마음은 그중 하나를 선택해야 합니다.

<u>웨흘링</u>___ 바로 그 지점이 흥미롭습니다. 보통은 이러한 '선택'이 전적으로 무의식적이기 때문입니다. 우리가 과세와 같은 추상적인 개념을 살펴보고 "오늘은 과세를 위해 무슨 근원영역을 선택해야 하지?"라고 스스로 묻는 일은 결코 없으니까요.

<u>레이코프</u>___ 그렇습니다. 만일 의식적이거나 의도적이지 않다면, 이 선택은 어떤 방식으로 이뤄지고 있을까요? 글쎄요, 상황을 지각하는 방식을 결정하는 것은 바로 공적인 담론에서 사용하는 언어입니다. 은유적인 언어는 우리의 마음속에서 은유적 구조를 불러내고, 그러한 구조는 주어진 어떤 사물이나 상황에 대한 우리의 이해를 안내할 것입니다.[17]

<u>웨흘링</u>___ 그리고 상이한 은유적 근원영역은 우리 추론의 대상이 되는 사물의 상이한 국면을 부각하기도 하고 감추기도 하죠. 이로 인해 은유는 실재에 대한 우리의 지각에 엄청난 영향을 미칩니다. 일상생활에서나 정치에서나 똑같이 그렇게 하죠.

<u>레이코프</u>___ 하지만 이것은 문제의 한 부분에 불과합니다. 여기에는 더 많은 것이 있어요. 즉, 어떤 은유적 사상이든 더 자주 사용할수록 이 은유는 시냅스 강화로 인해 더 깊숙이 뿌리내린다는 사실입니다.[18]

만일 공적인 정치 토론에서 주어진 한 은유를 반복적으로 사용한

다면, 이 은유는 우리가 해당 쟁점을 지각하는 주요한 방식이 됩니다. 이 은유적 사상은 그냥 우리 상식의 일부가 되어버리죠. 상식은 쟁점에 대해 우리가 공유하는 '유일하고', '의문의 여지가 없으며', '내재적으로 의로운' 이해입니다.

웨홀링___ 분명히 이것은 문제가 있습니다. 왜냐하면 해당 쟁점에 대한 대안적 시각이 순간적으로 무시당할 뿐 아니라, 더욱이 우리의 개념적인 장치의 일부로서 인지적으로 유지되지도 강화되지도 않기 때문입니다.

레이코프___ 정확한 이해입니다. 그리고 이는 정치적 언어와 정치적 추론에서 은유가 지닌 힘의 일부이죠. 어떤 담화를 지배하는 은유는 화자와 청자가 어떻게 생각하는지와 그들이 무엇을 생각하지 않는지를 대부분 결정합니다. 이것이 바로 널리 퍼져 있는 은유적 사상이 근원영역의 본성 때문에 감추는 것입니다.

웨홀링___ 그 말씀은 약간 불편하게 들리네요. 그렇다면 사람들은 공적 담론이 자신에게 제공하는 은유를 거부하기로 결심할 수 없을까요? 또한 사람들은 대안적인 은유적 사상—어떤 상황에서 자신에게 중요한 국면을 전부 부각하는 사상—의 측면에서 쟁점에 대해 생각하기로 선택할 수는 없나요?

레이코프 이론적으로는 그럴 수 있습니다. 어느 정도까지는 정말로 정치적 행위자와 당사자가 은유와 정치에 관한 한 자신의 운명의 주인일 수 있습니다. 지배적인 은유적 사상에 대해서나 우리가 해당 쟁점을 이해하는 데 이 사상이 미치는 영향에 대해 언어와 담화를 분석할 수 있죠. 이 쟁점은 과세이든 복지이든 환경이든 상관없습니다. 어떤 쟁점에 대한 우리의 이해와 충돌하는 것으로 보이는 은유는 무시당할 수 있지만, 우리의 아이디어와 일치하는 은유는 의사소통에서 우선순위를 부여받을 수 있습니다. 이런 식으로 계속 진행됩니다.

그러나 독자들은 이 전망에 대해 너무 흥분하지 말아야 합니다. 왜냐하면 사실은 사회적·정치적 행위에 관여하든 '단지' 민주 사회의 시민일 뿐이든 사람들은 흔히 그러한 어떤 행동도 하지 않으니까요. 사람들은 공적인 토의와 정책 결정의 깊숙한 뿌리가 되는 은유적 구조에 문제를 제기하지 않습니다. 보통은 자신들이 은유를 통해 말하고 생각하고 행동하고 있다는 사실을 알지조차 못하죠.

웨흘링 그것은 많은 사람들이, 심지어는 전체 국민이, 인간의 이성에 대한 구식의 신념을 보유하고 있기 때문이에요. 사람들은 이렇게 중얼거립니다. "나는 (나 자신이) 무엇을 생각하는지 알고 있어. 그리고 사물을 이 세계에 객관적으로 존재하는 그대로 지각하지. 그뿐 아니라, 은유 같은 것 하나 없어도 사물에 대해 축자적인 의미에서 존재하는 그대로 얘기할 수 있어."

레이코프 그런데 정확히 그런 이유로 은유적 언어는 공적인 정치 토론에서 아주 효과적이죠. 그리고 잠재적으로는 위험하기도 합니다.

웨흘링 그것은 바로 은유가 정치적 실재를 창조해 우리의 마음속에 넣을 수 있지만 우리는 이를 심지어 인식하지조차 못하기 때문입니다.

레이코프 그리고 이렇게 되는 적잖은 이유는 우리가 자신의 사유가 작동하는 방식을 의식하지 못한다는 사실 때문이죠.

2장

자라면서
나의 정치적 성향이
결정된다고?

성장 과정에서의 경험과 정치의 상관관계

범죄자를 응징할 것인가, 포용할 것인가

웨흘링___ 미국에서 보수주의자와 진보주의자의 구분은 단지 물질적 사익(추구)에 대한 관점의 차이만이 아니라 그 이상의 것입니다. 이 구분은 가치를 두고 벌이는 전투, 즉 도덕적 구분입니다. 하지만 '도덕성' 자체는 꽤나 추상적인 개념입니다. 우리는 '도덕성'이라는 것을 만질 수도, 볼 수도, 냄새 맡을 수도, 맛볼 수도 없어요. 그러므로 우리는 도덕성에 대해 은유를 통해서 사유합니다.

레이코프___ 그리고 우리는 도덕성에 대한 대략 십여 개의 은유를 알고 있습니다. 이러한 은유의 독특한 점은 전 세계 사람들이 이를 공유한다는 사실이죠. 우리는 모두 도덕성에 대해 동일한 은유를 사용합니다. 이러한 은유가 문화로부터 독립적인 아주 기본적인 인간 경험에서 나오기 때문입니다.

그런데 이는 사람들이 이러한 은유를 완전히 동일하게 사용하거나 삶의 동일한 영역에 적용한다는 것을 암시하지는 않습니다. 사람들이나 전체 사회는 어떤 도덕성 은유를 다른 도덕성 은유보다 선호할 수 있습니다.

웨흘링 그래서 우리는 도덕성에 대한 광범위한 은유 체계를 지니고 있습니다. 우리는 모두 자라면서 이 은유 체계를 배우죠. 이는 도덕성에 대한 우리의 은유적 해석이 평안함과 관련하여 문화로부터 독립적이고 기본적인 경험, 즉 '기분 좋음'이나 '부유함'과 관련 있는 경험에 뿌리박고 있기 때문입니다.

우리는 이미 〔도덕적 회계〕 은유를 논의했습니다. 이 은유는 사람들이 필요로 하는 것을 가지고 있을 때 더 평안하다는 우리의 경험에 근거합니다. 하지만 이 밖에도 우리의 평안과 관련된 일련의 다른 경험도 있죠.

레이코프 바로 그렇습니다. 예컨대 우리는 신체적으로 강할 때에는 평안하고 신체적으로 약할 때에는 불편하다는 것을 경험으로 압니다. 이것이 〔도덕성은 강함〕 은유의 토대입니다. 이 덕택에 우리는 나약한 행동이나 강한 성품이라는 말을 합니다.

우리는 또한 유아기(幼兒期)에 바닥을 기어 다니는 것보다 설 수 있을 때 더 행복하다는 사실을 배웁니다. 이 경험에서 우리는 [도덕성은 위] 은유를 배우며, "그것은 행하기에 저열한 짓이었다"나 "나는 그를 믿어, 그는 강직한 사람이야"와 같은 말을 합니다.

우리는 건강할 때 평안하고 아플 때 불편하다는 경험을 합니다. 이 경험으로부터 [도덕성은 건강] 은유가 나오고, 우리는 건강한 작업 태도나 사람들의 아프고 병든 마음이라는 말을 합니다. 또한 우리는 나쁜 행동의 확산이라는 말을 하고, 이 행동은 생일 파티에 모인 한 무리의 아이들 사이에서 전염될 수 있습니다.

그래서 도덕성을 지리적 경계를 지닌 곧게 난 길을 따라 걷는 것으로 해석하는 은유가 있습니다. 누군가가 바른 길에서 벗어나 헤맨다는 말을 할 때 이 은유를 사용합니다. 뭔가 중대한 실족(失足)이었다는 말을 할 때에도 우리는 이 은유를 사용하죠. 그리고 우리는 선을 넘었다고 어떤 사람을 고소할 때 또한 이 은유를 사용합니다.

웨흘링 ___ 또 하나의 중요한 도덕성 은유는 [도덕성은 순수]입니다. 어린 시절 우리는 깨끗할 때 평안하고 깨끗하지 않을 때 불편하다는 경험을 합니다. 밖에서 놀다가 손이 더러워지고 그 손으로 눈을 비비면 눈이 가렵고 후끈거릴 수도 있어요. 우리는 물리적 불결함이 우리의 평안에 부정적인 영향을 미치고, 좋은 기분을 느끼고자 한다면 불결함을 피해야 한다는 것을 경험합니다.

레이코프 이 은유적 사상에 근거하여, 우리는 "그는 양심이 깨끗하다." "나는 깨끗한 경력으로 다시 시작할 수 있으면 좋겠다." "그는 더러운 생각을 하고 있다." 등의 말을 하죠.

웨흘링 전하는 바에 따르면 본디오 빌라도는 예수에 대한 평결을 마친 뒤 자신의 손을 씻었습니다. 그런데 토론토대학 연구자들은 이와 관련하여 흥미로운 연구 결과를 발표했습니다.[19] 먼저 그들은 실험 참여자들에게 친구에게 한 거짓말이나 시험 시 부정행위와 같은 도덕적 비행을 회상하게 했죠. 그러자 절반의 실험 참여자들은 자신의 손을 씻었지만, 나머지 절반은 그러지 않았습니다. 그다음에 일어난 일이 놀라워요. 손을 씻었던 참여자들은 죄책감을 덜 느꼈거든요. 그들은 (자신의 잘못을 뉘우치는) 더 깨끗한 양심을 지니고 있었습니다.

레이코프 이것은 [도덕성은 순수] 은유가 우리의 언어뿐 아니라 우리의 사고와 신념, 궁극적으로는 행위를 어떻게 구조화하는지를 보여주는 멋진 실례입니다.

웨흘링 도덕성 은유가 사람들의 정치적 판단과 보수적이거나 진보적인 정책 태도에 어떤 영향을 미치는지에 대해 얘기해보고 싶군요.

레이코프 자, [도덕적 회계] 은유를 예로 들어보겠습니다. 이미 우리는 이 은유를 아주 상세하게 논의했어요. 이 은유는 전 범위의 쟁점에 대한 사람들의 정책 태도에 직접적인 영향을 미칠 수 있습니다. 예컨대 미국의 범죄 정책을 생각해보세요. 범죄에 대한 우리의 정치적 접근은 은유적인 도덕 회계 시스템에 확실히 뿌리를 내리고 있습니다.

대표적으로 사형제는 도덕적 응징으로부터 나옵니다. 만일 당신이 어떤 사람의 목숨을 빼앗는다면 정부는 장부의 수지 균형을 맞추는 수단으로 당신의 목숨을 빼앗을 수 있습니다. 살인자는 타인에게서 자신이 빼앗은 것만큼 귀중한 어떤 것으로 자신의 행위에 대한 값을 치르죠. 이는 스스로 자초한 빚을 살인자가 청산하는 유일한 방법입니다.

웨홀링____ 보수주의자들은 도덕적 응징의 측면에서 사유하는 경향이 있습니다. 그리고 보수적인 범죄 정책은 이 은유적 구성물에 의존하는 경향이 있죠.

레이코프____ 의심할 바 없이 그렇습니다. 그런데 〔도덕적 회계〕 은유는 도덕적 배상 개념도 생성하며, 이 개념은 재활과 사회적 재통합에 초점을 맞추는 정책 결정으로 이어질 수도 있다는 점을 주의 깊게 봐야 합니다. 진보주의자들은 범죄 정책에 관한 한 도덕적 배상 개념을 지지하는 경향이 있죠.

<u>웨흘링</u>　　이는 도덕 은유들이 어떻게 보수적 정책과 진보적 정책에 영향을 미치는가를 보여주는 한 실례이죠. 그렇다면 더 심오한 수준에서 은유는 미국의 우익 진영과 좌익 진영 사이의 균열 — 보수주의 세계관과 진보주의 세계관 사이의 최악의 분열 — 을 어떻게 설명할 수 있나요?

<u>레이코프</u>　　이제 이 맥락에서 완전히 적합한 또 다른 은유 [국가는 가정]에 대해 얘기해볼까요. 이 은유는 정치에 대한 우리의 도덕적 사유에 정말로 중요합니다. 바로 이 은유가 정치에서 무엇이 옳은가와 무엇이 그른가에 대한 우리의 신념과, 무엇이 옳은 치리*이고 무엇이 그른 치리인가에 대한 우리의 개념을 결정할 수 있기 때문이죠. 이 은유는 가정생활과 관련이 있습니다. 개념적으로 말하자면, 정치적 도덕은 흔히 가정의 도덕입니다.

---

* '치리(治理)'는 '정부의 일방적 통치 행위에 대한 반성에서 나온 일종의 관계 국가나 네트워크 국가 개념'을 가리키는 governance에 대한 번역어이다. 이 개념은 다양한 이해관계자가 상호 의존되며 국정을 운영해나가는 새로운 통치 양식이나 규범을 지시하므로 '협치'의 의미를 담고 있다. 한국의 정치학계나 행정학계에서는 보통 government를 '통치'로 번역하고 governance를 '거버넌스'로 옮기지만, 외래어 음역을 피하고 우리말로 학문적 개념을 제시하고 싶은 소망에서 '치리'라는 용어로 옮겼다.

보수주의자들이
가정의 가치를 강조하는 이유

<u>웨흘링</u>　자, 그러면 가정 도덕이 정치적 판단의 개념적 원천이라는 말씀이군요. 도덕성은 사회적 표준과 법의 형태로 제도화된 가치로부터 직접 나온다고 가정하는 것이 더 논리적으로 보입니다만.

<u>레이코프</u>　우리가 살면서 하는 삶의 주요한 경험 덕택에 강력한 은유적 사상이 우리의 마음속에서 생겨난다는 점을 떠올려보세요.

우리는 무엇이 옳고 무엇이 그른지를 맨 처음 듣는 경험을 어디에서 했나요? 우리는 맨 처음 언제 우리의 삶을 어떤 식으로든 '지배할' 수밖에 없는 도덕적 권위자를 접했나요? 글쎄요, 어린아이였을 때 가정에서 접했지요. 이 도덕적 권위자는 우리를 통치하는 '올바른' 방식에 대한 결정을 내렸습니다. 우리의 부모가 우리보다 더 상위의

권위를 지니고 있었고, 규칙을 정해야 했고, 우리에게 옳고 그름을 가르쳐야 했죠.

웨흘링   그래서 우리는 가정에서 통치를 받는 주요한 경험을 합니다. 위계 구조를 지닌 어떤 집단의 구성원이 되는 맨 처음의 경험도 가정에서 하고요. 가정에서 부모는 합법적인 통치자의 권위를 갖습니다. 부모의 **자녀양육** 방식이 부모가 나와 내 형제자매의 삶을 지배하는 방식이죠.

레이코프   하지만 모든 부모가 동일한 이상과 신념을 자신의 자녀양육 방식으로 사용하지는 않습니다. 단 하나의 보편적인 자녀양육 모형은 없고, 여러 다른 자녀양육 모형이 있어요. 어떤 사람들은 부모의 엄격함이 다른 무엇보다 중요하다고 믿습니다. 그러나 다른 어떤 사람들은 감정이입과 상호존중이 좋은 사람을 길러내는 최선의 비결이라고 주장하지요.

  어린 당신이 잘못된 행동을 한다고 상상해보세요. 당신은 부모님에게 먼저 과자를 달라고 말해야 한다는 것을 알지만 과자 통에서 그냥 하나를 슬쩍 빼 먹었어요. 과자 부스러기가 옷 곳곳에 묻어 있고 얼굴에 초콜릿 흔적이 남은 당신의 모습을 볼 때, 당신의 부모님은 어떻게 할까요? 어떤 질문도 하지 않고 즉각 벌을 내릴까요? 아니면 당신에게 너무 많은 과자를 먹는 것의 문제점에 대해 이런저런 말씀을 하실까요? 어떤 부모는 신속한 벌 체제를 지지하고, 다른 어떤 부모는 대화와 감정이입 체제를 더 좋아합니다. 많은 가정은 서로 다른 치리 체제를 사용하죠.

웨흘링___ 그래서 가정 영역에서 우리는 통치를 받는 주요한 경험의 대부분을 합니다. 이러한 이유로 우리는 더 거대한 사회집단 내의 치리에 대해 사유하기 위한 틀로 마음속에서 자동적으로 가정을 떠올리죠. 우리는 자동적으로 무엇이 이상적인 가정이고 자녀는 어떻게 양육하는가에 대한 우리의 신념을 정치에 사상합니다. 우리가 무엇을 '올바른 가정 운영 방식'이라고 생각하든지 그것이 '올바른 국가 운영 방식'이 됩니다.

레이코프___ 바로 그렇습니다. 가정에 대해 우리가 알고 있고 생각하는 것들이 '국가 가정'에 대해 사유하기 위한 자연스러운 도관의 역할을 하게 되죠.

〔국가는 가정〕 은유는 아주 흔해서 심지어 우리는 이 은유를 더 이상 의식조차 하지 않습니다.[20] 당신은 아침 식탁에서 〈뉴욕타임스〉를 읽는 동안 백여 번이나 이 은유를 접할지도 모릅니다. 그러면서 당신의 마음은 두 번 생각할 필요조차 없이 이 은유적 사상을 자동으로 처리하겠죠.

우리의 사유에서는 언제나 국가가 가정입니다. 우리는 미국 건국의 아버지들이라는 말을 합니다. 독일인들의 조국이라든지 모국 러시아 또는 모국 인도라는 표현도 있고, 국가는 자신의 **아들딸**을 전쟁에 내보낸다는 표현도 있지요. 이 밖에도 이 사상을 예시하는 표현은 많습니다. 아무도 건국의 아버지 개념이 미국이라는 나라를 건설했던 사람들에 대해 말하고 사유하는 올바른 방식이라는 데에 의문을 제기하지 않습니다.

웨흘링___ 우리는 가정의 측면에서 국가에 대해 얘기하고 사유합니다. 즉, 우리는 이상적인 가정생활에 대한 우리의 신념을 정치에 사상합니다.[21]

레이코프___ 정말 그렇습니다. 그리고 이 기제는 우리가 미국의 정치적 분열을 이해하는 데 도움이 될 수 있습니다. 제가 이 점에 최초로 주목한 때는 1994년이었습니다. 그해에 대통령은 빌 클린턴(Bill Clinton)이었고, 곧 의회 선거가 예정되어 있었죠. 이 선거의 서막으로 선거일 6주 전에 공화당은 〈미국과의 계약〉이라는 문서를 발간했습니다. 그리고 그해 선거에서 공화당이 승리했습니다.

웨흘링___ 〈미국과의 계약〉은 단순히 국내와 외교 정책의 모든 쟁점에 대한 공화당의 입장을 잘 정리해놓았죠. 하지만 그 문서에서 탁월한 점은 하나도 없었는데요.

<u>레이코프</u>　아니요, 탁월한 뭔가가 있었습니다. 저는 그 문서가 발간되었던 날을 마치 어제인 것처럼 기억합니다. 사무실에 앉아 커피를 마시며 책상 위로 몸을 구부리고 그 문서 전체를 단락별로 하나하나 세심하게 끝까지 읽었어요. 그리고 전부 읽고 났을 때, 그 문서에서 어떤 것도 이해하지 못한다는 사실을 깨달았죠. 저는 그대로 앉아 머리를 긁적이며 제가 무엇을 놓쳤는지 곰곰이 생각해봤습니다.

당신도 알다시피, 그 문서의 목적은 유권자들에게 공화당이 무엇을 신봉하는지, 무엇을 대표하는지, 보수에게 표를 던진다면 사람들은 무엇을 기대할 수 있는지를 분명히 보여주는 것입니다.

<u>웨흘링</u>　그래서요?

<u>레이코프</u>　자, 봅시다. 그 문서는 일률 과세 지지와 낙태 반대를 비롯한 공화당의 정치적 공약을 개괄했습니다. 그런데 저는 혼자서 반문했죠. '세금과 낙태가 서로 무슨 관련이 있지?' 이 문서에는 또한 공화당이 환경 규제에 반대하는 것도 분명히 드러나 있었습니다. 또 궁금해졌죠. '환경 규제는 일률 과세나 낙태 추방과 대체 무슨 관련이 있지?' 더 나아가 그 문서는 모든 미국인에게 총기를 소유하고 사용하도록 허가해야 한다는 공화당의 신념도 담고 있었습니다. 그러자 저는 또 이렇게 반문했어요. '총기 소유권이 일률 과세 지지, 환경보호 반대, 낙태 반대와 도대체 무슨 관련이 있다는 말이지?'

저는 정말 그 문서 전체가 제시하고 있는 정치적 진술을 이해할 수 없었습니다. 물론 각각의 정책이 취하고 있는 태도는 완전히 이해했어요. 각각의 정책 태도에는 새로운 것이 전혀 없었습니다. 하지만 아무리 머리를 굴려도 알 수 없는 것이 있었죠. '이 모든 입장은 어떻게 엮이는가? 어떻게 이러한 입장이 서로 어울려 공화당의 정체성이 되고 공화당 처리의 전망이 되었는가?'

'공화당은 정말 재미있는 사람들이야'라는 혼잣말로 저는 상황을 마무리하려 하고 있었어요. 신기하게도 공화당 사람들은 자신의 모든 정책적 입장을 아우르는 어떤 종류의 일관성도 지니지 않은 것으로 보였습니다. '공화당이 어떻게 그렇게 다양한 집합의 정책을 내어 놓았는지 하느님이나 알고 계시지 않을까?' 그런데 갑자기 이 생각이 떠올랐습니다. '총기나 환경, 낙태, 과세 문제에 대한 나 자신의 진보적인 입장을 한데 묶는 것이 무엇인지를 나 역시 모르지 않는가? 공화당 사람들이여, 신경 쓰지 마시길!' 저는 제 입장들에게 일관성을 부여하는 것이 무엇인지 헤아릴 수 없었습니다.

웨흘링 _____ 선생님은 본질적으로 무엇이 선생님 자신과 보수주의자를 구별해주는지를 이해하지 못하셨던 거군요. 선생님이 그러한 쟁점에 대해 일련의 모순적인 입장을 지니고 있다는 사실 그 자체보다 더 심오하고 의미 있는 층위의 그 무엇을 말이죠.

레이코프   그래요. 그런데 제가 제기하고 있는 이 문제를 인지과학에서 다룰 필요가 있다는 것을 깨달았습니다. 이는 인간의 사유—이 경우에는 보수적 사유와 진보적 사유—에 관한 문제였기 때문입니다. 그래서 어떤 개념적 패턴에서 정치적 보수주의와 정치적 진보주의가 나오는가를 찾아내기 위해 탐구를 시작했습니다.

웨흘링   선생님이 정치 사전을 찾아보셨더라면 많은 시간을 절약할 수 있었을 텐데요. 정치 사전에서는 보수주의와 진보주의에 대해 이런 식으로 서술하니까요. "보수주의를 뜻하는 conservatism은 언어적 기원이 '손대지 않고 계속 그대로 두고 보존하거나 유지하는 것'으로 번역되는 라틴어 낱말 conservare에서 나왔다. 정치적 보수주의는 전통적인 가치와 사회적 규범을 보호한다는 개념에 근거한다. 반면에 진보주의는 개념적으로 사회의 진보와 변화를 향한 긍정적 태도에 뿌리를 두고 있다."

레이코프   이 모호한 정의가 부족한 상태 그대로 널리 퍼져 있다는 것이 바로 문제입니다. 이 정의를 검증해봅시다. 보수주의자들은 전통적인 가치와 규범을 보존하도록 되어 있습니다. 하지만 과세 최소화는 미국의 전통적인 가치가 아닙니다. 다른 나라에 대한 군사적 공격도, 사람을 고문하는 것도 역시 미국의 전통적인 가치가 아니죠. 반면에 진보주의자들은 변화를 밀고 나가며 전통적인 가치에 반대하도록 되어 있습니다. 하지만 공동의 부를 위해 세금을 부과하는 것은 공공의 기반 시설을 건설하고 유지할 책임을 함께 지는 것과 마찬가지로 미국의 전통적인 가치입니다. 이런 식이죠.

웨흘링___ 그래서 선생님은 인간의 인지 모형과 개념적 모형에 대해 우리가 현재 알고 있는 것을 통해서 정치적인 이 두 진영을 파악하기 위해 보수주의 정치와 진보주의 정치에 대한 가장 흔한 이론 중 하나를 폐기하셨군요.

레이코프___ 맞습니다. 그런데 저는 여러 달 동안 아무런 진전이 없었습니다. 드디어 뭔가가 저의 관심을 사로잡을 때까지는 말이죠. 바로 가정의 가치였습니다. 보수주의자들은 쉬지 않고 가정의 가치에 대해 얘기했습니다. 가정에서는 이것을 중시하고 가정에서는 저것을 중시한다는 식으로요. 저는 마음속으로 이렇게 생각했습니다. '지구온난화나 핵무장, 사회적 격차와 같은 문제에 직면한 정치인들이 왜 가정의 가치를 끝없이 말하고 있지? 어느 누가 그렇게나 많은 시간과 상당히 많은 액수의 돈을 소비해가며 가정의 가치 캠페인을 벌이려 한단 말인가?' 그러고 나서 사람들이 〔가정으로서의 국가〕에 대해 어떻게 은유적으로 말하는지 제가 지도하는 한 학생이 썼던 기말 논문이 떠올랐습니다.

웨흘링 ─── 갑자기 끝없이 가정의 가치를 말하는 보수주의자들의 집착이 결코 엉터리로 보이지 않았다. 이런 말씀이군요.

레이코프 ─── 정확히 그렇습니다. 사실 그들의 집착은 엉터리가 아니라 상당히 그럴듯해 보였어요. 보수주의자들은 진보주의자들이 의사소통에서 사용은커녕 이해하지조차 못한 뭔가를 터득한 것처럼 보였습니다.

아기가 한밤중에 울 때
안아올리는가?

<u>웨흘링</u>　그래서 선생님은 이렇게 판단하셨군요. 만일 정치에 상이한 두 개의 도덕적 세계관—진보적인 세계관과 보수적인 세계관—이 있다면, 아마도 이 두 세계관의 토대에 서로 충돌하는 두 개의 가정·양육 모형이 있다고 말이죠.

<u>레이코프</u>　맞습니다. 그리고 한 친구가 제게 연락했을 때 저는 여전히 가정의 이상이 두 세계관을 형성하는 데 어떤 역할을 수행하는지를 알아내려 애쓰고 있었습니다. 제 친구는 이곳 버클리대학의 정치학 교수였는데, 국립과학재단(National Science Foundation)이 그녀에게 한 가지 요청을 했습니다. 연구자들에게 어떤 사람이 보수인지 진보인지를 알아보도록 할 설문조사 목록을 만들기 위해 그녀를 필요로 했죠.

그녀는 단 하나의 질문을 찾아야 했습니다. 이 질문의 답이 어떤 사람의 정치적 정체성을 바로 드러낼 수 있도록 말이에요. 그녀는 모든 친구에게 이 질문이 어떠해야 한다고 생각하는지 물었는데, 정말로 제게는 아무런 해답이 없었습니다. 마침 우연히도 또 다른 제 친구 폴 봄(Paul Baum)이 그 주에 이곳 버클리에 왔기에 저 역시 그에게 물었습니다. 폴은 머리가 좋고, 심리치료사로서 사람들에 대해 많은 것을 알고 있었죠. 그는 저를 바라보더니 이렇게 말했습니다. "조지, 이 친구야. 어떤 질문을 제기해야 완벽한지 알고 있어."

<u>웨홀링</u>　　정치적 정체성을 단 하나의 항목으로 측정한다고요? 어떤 사람이 정치적으로 보수인지 진보인지에 대한 결정적인 징표가 될 단 하나의 질문이 있다는 말씀인가요?

<u>레이코프</u>　　예. 폴이 제안했던 질문은 이러했습니다. "자네 아기가 한밤중에 울 때, 안아올릴 텐가?" 제가 말했죠. "왜? 이 질문 뒤에 뭐가 있나, 폴?" 그러자 심리치료사였기 때문에 그가 이렇게 말했습니다. "뭐가 있는지 한번 생각해봐, 조지."

　　그래서 저는 자녀양육에서 어떤 종류의 이상이 이 질문—"아기가 한밤중에 울 때 안아올리겠는가?"—에 상이한 대답을 이끌어낼 것인지에 대해 곰곰이 생각하기 시작했습니다. 저는 〔국가는 가정〕 은 유의 기제와 요소, 추론을 살펴보고, 이들을 자녀양육의 이상과 모든

보수적 입장, 모든 진보적 입장과 결합하기 시작했어요.

드디어 이 자료 삼각형을 해명하는 두 모형에 도달했는데, 바로 엄격한 아버지 가정 모형과 자애로운 부모 가정 모형이었습니다.[22]

웨흘링 ___ 정부의 자애로움과 진보주의 사이의 일반적 관련성뿐 아니라 정부의 엄격함과 보수주의 사이의 일반적 관련성은 여러 학문 분야에서 역사적으로 내내 관찰한 바 있습니다. 선생님이 지금 말씀하시는 내용은 특별한 뉴스가 아니라는 것이죠.

레이코프 ___ 물론 그러한 경향에 대해 여러 학문 분야에서 이미 언급하고 글로 쓴 적이 있습니다. 그러나 핵심은 그게 아닙니다. 우리는 모두 보수적인 정책이 범죄자에게 '더 엄격한' 경향이 있고 진보적인 정책이 사회적 취약 계층에게 '더 친절한' 경향이 있다는 것을 알고 있어요. 그러나 무엇보다도 보수적이거나 진보적인 도덕적 사유, 궁극적으로 정책과 연결될 때 이 두 가정 모형의 세부 사항은 일반적인 '엄격한' 방식이나 '자애로운' 방식으로 행동하는 것이라는 단순한 구분을 훨씬 넘어섭니다. 이 두 모형은 고도로 복합적이어서 도덕적 신념의 많은 하위 영역이 서로 연결되어 있습니다.[23] 보수주의 세계관과 진보주의 세계관을 지나치게 단순화하지 않으려면 이 점을 명심해야합니다.

더욱이 우리는 보수주의자들과 진보주의자들 사이의 도덕적 인지의 차이가 어떻게 발생하는지, 왜 이러한 차이가 여러 사회에서 시간이 흐르면서 다소간 안정적이라고 입증되는지 자문해봐야 합니다.

레이코프 맞습니다. 그리고 이러한 쟁점을 다 이해하기 위해서 우리는 보수주의와 진보주의가 어떻게 우리의 개념 체계 속에 닻을 내리고 있는지, 이 두 세계관이 우리의 일상적인 무의식적 사유와 어떻게 관련을 맺고 있는지를 이해해야 하죠.

3장

우리 집의 중심은
과연 누구였을까?

아버지만 존재하는 세계와 부모가 함께하는 세계

엄격한 아버지가 바라는 세상

도덕적 강인함과 자기 절제, 사익 추구

웨흘링 도덕의 정치 이론은 개인들의 정치적 입장이 자녀양육 모형에 개념적으로 닻을 내린 채 널리 통용되는 도덕적 신념에서 나온다고 주장합니다. 보수주의자들은 엄격한 아버지 모형을 지지하는 반면, 진보주의자들은 자애로운 부모 모형을 지지하죠.

먼저 엄격한 아버지 모형에 대해 얘기해볼까요. 이 모형에서 아버지는 가정의 수장입니다. 그는 합법적인 권위이며 이 권위는 당연히 도전을 허락하지 않습니다. 가정에 그러한 도덕적 권위가 필요한 이유는 세상이 위험한 곳이기 때문이기에 아버지의 임무는 악에 대항해 가족을 보호하는 것입니다. 따라서 이 모형은 고전적인 선악 이분법을 유지하며, 이 이분법은 세계를 '선한 사람들'과 '악한 사람들'로 나누죠.

레이코프 　 정확한 이해입니다. 엄격한 아버지 모형에 따르면, 세상에는 선과 악이 있습니다. 가정의 합법적 권위로서 옳고 그름을 구별하고, 당연히 아버지는 선하고 도덕적으로 강직하죠. 아버지는 악에 대항해 가정을 지키며, 자녀들에게 도덕적 강인함을 계발하도록 가르칩니다. 어머니는 아버지의 임무를 수행할 수 없어요. 이 모형에서는 여성을 덜 강하다고 보기 때문입니다. 어머니의 임무는 남편이 자신의 권위를 유지하도록 지원하는 것입니다. 이 모형에서 부모의 역할은 성(性)에 근거합니다.

더욱이 이 모형은 세상이 애초부터 경쟁적이라고 가정하죠. 세상의 경쟁에서 성공하여 자신의 가족을 보살필 역량을 보유하는 것이 아버지의 책임입니다. 아버지는 또한 자녀들에게 다른 사람들과 경쟁하는 방법을 가르쳐야 합니다. 자신의 자녀들이 다 자랐을 때 성공적이 되고 자립적이 될 수 있도록 말이에요.

웨흘링 　 엄격한 아버지 모형의 지지자들이 생각하는 세상에 대한 또 하나의 중요한 개념은 세상에 절대적인 옳음과 절대적인 그름이 있다는 것입니다. 즉, 사람들의 믿음과 행위, 신념은 옳든지 그르든지 둘 중 하나입니다. 가정의 합법적 권위로서 아버지는 옳음과 그름을 구별합니다. '아버지는 가장 잘 알고 있기' 때문에 옳고 그름을 자녀들에게 가르치며 이를 전달하는 방식은 위계적입니다. 아버지는 엄격한 규칙을 정하고 절대적 복종을 요구하죠. 이것으로 끝이에요. 어떤 논의도 없습니다.

__레이코프__ 바로 그렇습니다. 그리고 가정의 합법적이자 도덕적 권위인 아버지에 대한 순종을 자녀들의 도덕적 행위로 여깁니다. 순종은 하나의 가치 그 자체이고, 상벌 제도를 통해 유지됩니다. 간단하게 말해 자녀들의 나쁜 행동은 언제나 벌하고 착한 행동에는 상을 준다는 의미이죠.

이 가정 모형에서는 벌이 절대적으로 중요합니다. 자녀들의 나쁜 행동을 벌하는 것은 부모의 도덕적 의무예요. 왜냐하면 부모는 이것이 자녀들이 절제와 강인함을 계발할 유일한 길이라고 보기 때문입니다. 그리고 자녀들은 '악하게' 태어나기 때문에 선하게 되는 법을 벌을 통해서만 배운다고 믿죠.

__웨흘링__ 자녀들이 '악하게' 태어난다는 말씀은 무슨 뜻인가요?

__레이코프__ 자녀들이 태어날 때에는 절제력이 없다는 의미입니다. 아이들은 자신을 기분 좋게 해주는 것은 무엇이든 다 하려고 하며, 그래서 옳음과 그름의 구별을 배워야 한다는 거예요. 예컨대 방종은 옳지 않고 자기 절제는 옳지만 아이들은 태어날 때부터 이를 알지는 못하잖아요. 그러므로 부모가 자녀들에게 좋은 행위에는 상을 주고 나쁜 행위에는 벌을 줌으로써 이를 가르쳐야 합니다. 하지만 벌이 더 중요

한 개념입니다. 자녀들이 강인함과 자기 절제를 배우는 경로는 바로 벌이죠.

웨흘링 엄격한 아버지 모형에서는 벌의 필요성이 부모의 사랑에 우선한다는 말씀인가요?

레이코프 그게 아닙니다. 이 모형을 신봉하는 부모들은 다른 모든 부모와 마찬가지로 자녀들을 사랑합니다. 이들은 단지 벌을 사랑의 결핍이 아니라 사랑—'엄한 사랑'—의 징표로 보지요. 그리고 자녀들을 벌하는 것을 부모의 도덕적 의무로 간주합니다. 설령 그러한 처벌이 자녀들을 아프게 한다 하더라도, 이는 "벌을 받는 네가 아픈 것보다 너를 벌하는 내가 더 아프다"의 문제입니다. 자녀들을 벌하지 않는 부모, 즉 자녀들에게 잘못된 행위가 고통스러운 '귀결'을 초래한다는 사실을 가르치는 데 실패한 부모는 비도덕적이고 무책임하다고 여겨집니다.

웨흘링 엄격한 아버지 모형의 관점에서는 자녀들을 벌하지 않는 부모는 실패한 부모이군요.

레이코프 왜냐하면 벌이 자녀들로 하여금 자기 절제를 계발하고 도덕적으로 강하게 되는 데 도움이 되기 때문입니다. 이렇게 생각해보세요. 만일 어떤 도덕적 권위에게 벌을 충분히 자주 받는다면, 당신은 당신 자신에 대한 도덕적 권위가 되기 위해 자기 절제력을 기르는 방법을 배울 것입니다! 일단 자기 절제력을 충분히 쌓고 나면, 당신 자신이 이제 도덕적 권위입니다. 그러면 당신은 자신의 사익을 추구할 수 있고 타인에게 의존하기보다 오히려 세계에서 성공적으로 경쟁할 수 있습니다.

<u>웨흘링</u>　그 말씀은 우리가 다시 원점으로 돌아온 것처럼 들립니다. 심리학적으로 말하자면, 자기 절제 개념은 선악 이분법의 존재를 필요로 합니다. 즉, 자기 절제를 기른 사람들은 자신의 고유한 내적 악―절제를 필요로 하는 자기 내부의 '비도덕적' 단편―을 극복할 수 있습니다.

<u>레이코프</u>　전적으로 동의합니다. 세계를 선과 악으로 나누는 두 가지 방식이 있는데요. 하나는 외적인 '선과 악'으로, 바로 세계 내에 나와 있는 것입니다. 그리고 다른 하나는 우리 내부에 있는 내적인 '선과 악'입니다. 일단 도덕적 강인함을 계발했다면, 당신은 내적 형태의 악이나 외적 형태의 악 둘 다와 싸울 수 있습니다. 세계 내의 악과는 예컨대 전투를 통해 싸울 수 있으며, 당신 내부의 악과는 자기 절제를 통해 싸울 수 있죠.

웨흘링 ───── 상벌 개념은 엄격한 아버지 모형에서 핵심적인데, 그렇다면 이 모형이 보수적인 국내 정책에 어떠한 영향을 미치는지에 대해 얘기해볼까요.

레이코프 ───── 무엇보다도 미국의 보수주의자들은 모든 사람들이 성공할 수 있다는 가정하에서 활동하고 있습니다. 당신의 배경이 무엇이든지 충분한 도덕적 강인함과 자기 절제를 쌓는다면, 당신은 성공할 수 있습니다. 이를 '자수성가'라고 표현하죠.

웨흘링 ───── 그래서 이 모형에서는 자기 절제력이 있는 사람은 누구나 성공할 수 있습니다. 사람들의 사회적·경제적 성공은 그들이 도덕적으로 강인하다는 증거이죠. 그런데 이 등식에는 자동적으로 암시되는, 중요한 정반대의 논증이 숨어 있습니다. 성공하지 못하는 사람은 도덕적으로 강인하지 못하고 자기 절제가 안 된다는 뜻이죠. 그러한 사람은 도덕적으로 약하고, 도덕적으로 약한 사람은 빈곤을 겪어도 마땅한 나쁜 사람이 되는 것입니다.

이 개념적인 모형에서는 가난하다는 것이 사람들의 도덕적 약함에 대한 자연스럽고 정당한 벌입니다.

레이코프 ───── 그렇습니다. 그리고 당신이 그러한 사람들에게 할 수 있는 가장 나쁜 일은 돕는다면서 그들 스스로 벌지 않은 것을 주는 행위일 것입니다! 왜 그럴까요? 이는 그들에게서 강인하게 될 기회를 빼앗는 것을 의미하기 때문이죠. 그들에게 '물에 빠져 죽든가 헤엄쳐 살든가'를 스스로 행하도록 하지 않는다면, 어떻게 그들이 조금이라도 자기 절제를 기를 수 있겠습니까? 그들의 삶을 더 평안하게 해주는 것은 그들을 망치는 일에 적극 나서는 것을 의미합니다. 바로 이러한 이유로 미국의 보수주의자들은 사회복지를 별로 좋아하지 않습니다. 보수주의자들이 누가 사회복지 혜택을 받는지의 여부에 관심이 없기 때문이 아니라, 일반적으로 그들은 복지 개념에 반대합니다. 그들의 생각에 경제적으로 성공하지 못한 사람들이 더 평안한 삶을 살도록 도와주는 일은 나쁜 발상입니다.

웨흘링___ 그래서 보수주의자들의 눈에는 복지가 일종의 정부의 방종이고, 이는 시민들을 더 약하고 의존적으로 만들며, 따라서 비도덕적인 처리입니다. 이러한 사유에 따르면, '공상적 박애주의자들'은 나쁜 짓을 아주 많이 하는 것이죠.

레이코프___ 두 가지 이유에서 그렇죠. 공상적 박애주의자들이 나쁜 이유는 동료 시민들을 약하고 의존적으로 만들어 그들에게서 강인함과 자기 절제를 배양할 기회를 빼앗기 때문입니다. 또한 공상적 박애주의자들은 자기 자신의 사익을 추구하지 못합니다. 이는 공상적 박애주의자들이 경쟁의 규칙에 따라 활동하지 않고 있으며, 따라서 사람들을 선하게 만드는 제도를 망가뜨리고 어느 날엔가는 그들 자신도 타인에게 의존할 수 있다는 것을 의미합니다.

웨홀링 ___ 복지가 '선한' 사람들, 그러니까 엄청난 자기 절제를 쌓고 자신의 사익에 최고의 우선순위를 두는 사람들을 길러낼 수 있는 유일한 사회적 장치를 방해하기 때문에요?

레이코프 ___ 바로 그겁니다. 복지는 상벌 제도를 망가뜨립니다. 이는 다시 사회 전체에 해를 끼치죠. 상벌 제도가 망가지면 사람들이 사익을 추구하고 자기 절제를 쌓을 동인이 사라지기 때문입니다. 사회를 운영하고 국가를 통치하는 유일한 도덕적 방식은 사회적·경제적 경쟁의식을 계속 장려하는 것이니까요.

웨홀링 ___ 간단히 말해, 도덕적인 사회는 가능한 범위 내에서 최대한의 경쟁을 필요로 하는 것이군요.

레이코프 ___ 그리고 이러한 사회에 도달하려면, 절제된 사람들에게는 그에 상당한 상을 주고 약한 사람들에게는 혹독한 타격을 가하는 제도가 제대로 작동해야 합니다. 그런데 이 유형의 도덕적 사유는 보수적인 과세 견해에도 동기를 부여합니다. 부자들에 대한 높은 세금은 올바른 일을 행한 사람들—자기 절제를 쌓아 성공한 사람들—에 대한 비도덕적인 벌입니다. 많은 사람들은 보수적인 과세관이 단지 부자들에게 돈을 벌어주는 것과 관련이 있다고 믿습니다. 즉, 부유하여 사회적으로 영향력 있는 계층은 자신의 부를 지키고 싶어 낮은 과세를 선호한다고 생각하죠. 그러나 이는 사실이 아니며, 최소한 이야기의 전부가 아닙니다. 보수주의자들이 부자들에 대한 높은 세금에 반대하는 이유는 세금을 비도덕적 치리의 한 형태로 보기 때문이에요. 세금은 선한 사람들에게 내리는 벌입니다. 이는 부유한 보수주의자들뿐 아니라 가난한 보수주의자들이 보기에도 도덕적으로 타당하지 않죠.

보수적인 세계를
지탱하는 핵심어 1

최강자의 생존

웨홀링＿＿ 어떤 사람들은 보수주의자들이 사회적 다윈주의의 기본 원리를 제대로 이해했다고 말할지도 모르겠군요. 즉, 경쟁 덕택에 사회는 자신의 완전한 잠재력을 발휘한다는 것입니다. 경쟁을 통해 가장 강한 집단 구성원들이 최고의 자리에 오를 수 있기 때문이죠.

레이코프＿＿ 사회적 다윈주의는 신화이며, 찰스 다윈의 생각과 저작에 대한 곡해입니다. 당신도 알다시피, 다윈은 영국 출신이에요. 그가 살던 시대에 영국은 보수적인 영국 교회의 손아귀에서 놀아났죠. 간단히 말해, 영국은 엄격한 아버지 가정의 이상을 지지하는 교회의 영향 아래에 있었습니다. 그래서 다윈이 자신의 이론을 갈고 다듬어 공표했을 때 교회 사람들은 이렇게 말했습니다. "아하, 우리는 이것을 완전히 몰랐었군요! 사회에서 성공하고 잘 살아가는 사람들은 당연히 최고의 자리에 올라갈 자격이 있습니다. 자연은 가장 강한 사람들이 최고에 오르도록 의도하니까요. 실제로 우리는 자신의 운명에 따르도록 사람들을 그대로 놓아둬야 합니다. 그러면 강한 사람들이 살아남을 것이고 사회는 약한 사람들을 걸러냅니다."

그러나 다윈은 이러한 말을 한 적이 없습니다. 그러면 사회적 다원주의는 어디에서 궤도를 벗어났을까요?

웨흘링 글쎄요, 우선 사회적 다원주의는 사회가 꼭 자연환경처럼 작동한다—사회의 인간이 연못의 물고기나 나무의 곤충과 같다—는 개념을 바탕으로 생겨났습니다. 하지만 인간 사회는 이러한 의미의 '자연환경'이 아니죠. 인간 사회는 사람들이 만들어갑니다. 그래서 이 두 영역—사회와 자연—을 완전히 동일시하는 것은 문제가 있습니다. 이 동일시는 우리가 사는 사회의 모형이 대부분 오랜 세월 동안 자원, 규범, 법 등에 대한 인간의 의사 결정을 통해 형성되었다는 사실을 은폐하죠. 이 두 영역을 너무도 쉽게 동일시하는 이론에 사람들은 당연히 눈살을 찌푸립니다.

레이코프 그렇습니다. 그것은 분명한 사실입니다. 그런데 사회적 다원주의에는 또 하나의 문제가 있습니다. 사회적 다원주의는 다윈이 자연에 대해 내렸던 결론을 곡해했다는 점입니다. 다윈은 '최강자의 생존'이 아니라 '최적자의 생존'에 대해 보고했습니다. 다윈은 강한 동물이 살아남는다는 말을 하지 않았어요. 살아남는 동물은 주어진 생태적 환경에 가장 잘 어울리는 동물입니다.

당신은 녹색 나비이고 저는 갈색 나비라고 가정해볼까요. 우리는 동일한 정글에 삽니다. 말하자면 우리는 이웃이죠. 우리는 동일한 식량원에서 먹을 것을 구해 먹고 동일한 약탈자에 직면합니다. 이제 이 정글이 녹색 나뭇잎으로 가득하고 갈색 나뭇잎이 그렇게 흔하지 않다고 가정해봅시다.

웨흘링　이런 환경은 저에게 유리합니다. 이러한 녹색 나뭇잎을 배경으로는 약탈자들이 저를 쉽게 발견하지 못하니까요. 그러나 선생님에게는 다른 얘기이죠. 상당히 눈에 잘 띌 테니까요.

레이코프　제가 손해를 보고, 당신의 생존 가능성이 더 높습니다. 당신이 살아남기에 더 적합하기 때문이에요. 이는 당신의 후손도 마찬가지입니다. 만일 당신의 후손이 운이 아주 좋아 당신의 녹색 날개를 물려받는다면 말이죠. 그 후손 역시 이 생태적 환경과 들어맞을 테니까요. 이것이 바로 다윈이 말하는 '적자생존'의 의미입니다.

웨흘링　다윈은 제가 이 정글에서 살아남았던 이유가 선생님보다 더 강했기 때문이 아니라고 말할 것입니다. 저는 그냥 우연히 선생님보다 더 녹색이었을 뿐이죠.

레이코프___ 바로 그겁니다. 생존한 개인이 반드시 강하다고 볼 수는 없습니다. 생존은 당신이 처한 생태적 환경의 속성에 따라 다양하게 변합니다. 그래서 문제는 당신의 특성이 살아남아 번성할 정도로 그러한 속성과 잘 어울리는지의 여부일 뿐이죠.

하지만 다윈이 영국으로 돌아와 자신의 발견을 펼쳐놓았을 때 영국 교회의 구성원들은 그의 생각을 엄격한 아버지 가정의 가치에 따라 해석했고, 이 해석을 사회에 은유적으로 적용했습니다.

웨흘링___ 영국 교회 구성원들은 사람들이 사익을 추구해야 하고, 죽든 살든 자신이 감당해야 하며, 강한 자만이 번성해야 한다는 생각의 증거를 찾았다고 믿었군요.

레이코프___ 그렇습니다. 그들은 자신의 도덕 이론에 따라 인간과 사회에 대한 과학적 이론의 틀을 만드는 길을 발견했어요. 그들은 도덕적인 사회적 선택에 대한 자신의 신념을 뒷받침하기 위해 다윈의 발견을 이용했습니다.

그런데 찰스 다윈은 자신의 이론에 대한 이 해석에 저항했습니다. 그는 자연스러운 '사회적 선택'이라는 개념에 반대했죠.

보수적인 세계를
지탱하는 핵심어 2
자유 시장

웨흘링　　사회적 다윈주의 개념이 제한받지 않는 '자유 시장' 개념과 얼마나 쉽게 손을 잡았는지 무척 놀랍지 않나요? '가장 강한 자'가 경제적으로 살아남도록 정부의 개입을 최소화한 최대로 경쟁적인 시장 말입니다.

레이코프　　정말로 놀랍습니다. 아무런 제약을 받지 않는 '자유 시장'이 필요하다는 주장을 펼치기 위해 흔히 사회적 다윈주의 개념을 사용하죠. 하지만 이 발상에는 문제가 있습니다. 사실 '자유 시장' 같은 것은 결코 없으니까 말입니다. 모든 시장은 누군가의 통제를 받습니다. 모든 시장에는 규칙과 규정이 있지요. 보통 그러한 규정은 어떤 사람들에게는 유리하고 다른 어떤 사람들에게는 불리합니다.

웨흘링　　그럼에도 불구하고 시장이 자연스러운 힘이라는 신화가 있습니다.

레이코프　　이 개념은 애덤 스미스에게서 나옵니다. 그는 "만일 모든 사람들이 자신의 이익을 좇고 경제적 평안을 최대화한다면 모든 사람들의 평안이 보이지 않는 손—시장 경제에 내재하는 자연스러운 조정력—을 통해서 최대화될 것이다"라고 말했죠.

웨흘링　　이는 보수주의의 신조로, 하나의 도덕적 서사가 되었습니다. 즉, 아무런 제약이 없는 매우 경쟁적인 시장에서 자신의 사익을 최대화하는 것이 도덕적이라고요.

레이코프　　그렇습니다. 그러나 다시 한 번 말하지만 '자유 시장' 같은 것은 결코 없습니다. 그것은 하나의 신화일 뿐이죠. 모든 시장은 인간이 만듭니다. 모든 시장에는 규칙이 있어요. 주식시장에는 규칙이 있고 누군가가 그 규칙을 만들었습니다. 세계무역기구(WTO)는 900쪽이 넘는 무역 규정을 가지고 있습니다. 시장의 규칙은 자연이나 어떤 종류의 보이지 않는 손이 만들지 않았습니다. 시장의 규칙은 사람이 만들었고 계속 유지합니다. 그리고 이 시장 규칙은 어느 때라도 바꿀 수 있습니다. 바로 사람들이 말이죠.
　이제 진보주의자들은 '자유 시장'이 신화라는 사실과, 시장 규칙은 누군가가 만들었고 바꿀 수도 있다는 사실, 이 시장 규칙이 어떤 사람들에게는 유리하고 다른 어떤 사람들에게는 불리하다는 사실을 공적으로 논의해야 할 때입니다. 알다시피 진보주의자들이 보수적인 '자유 시장' 은유에 매달리는 한, 규칙과 규정의 개정을 요구할 때마다 그들은 결국 시장을 어떡하든 '덜 자유롭게' 만들고자 애쓰는 사람으로 보이게 될 테니까요.

자애로운 부모가
바라는 세상

감정이입과 자애로움, 개인적 책임과 사회적 책임

<u>웨흘링</u>　　진보주의자들은 보수주의의 '자유 시장' 은유를 사용함으로써 엄청난 실수를 합니다. '자유 시장'이 엄격한 아버지 가정의 도덕성을 따르기 때문이죠. 이제는 진보 정치를 지배하는 가정 모형, 즉 자애로운 부모 모형을 논의할 때입니다.

<u>레이코프</u>　　자애로운 부모 모형은 자녀들에게 감정이입 태도를 보여주고 자애로움을 베풀고 개인적 책임뿐 아니라 사회적 책임도 지는 것이 도덕적이라는 개념으로 시작합니다. 자애로운 부모 가정에서는 부모가 자녀들에게 먼저 모범을 보이고 자애로운 태도로 대함으로써 자녀들 역시 자애로운 사람이 되도록 양육하기 위해 노력합니다. 이렇게 하는 하나의 방법은 자녀들에게 그 꿈이 무엇이든 자신의 꿈을

좇도록 권한을 위임하는 것이죠.

이 모형에서는 타인과의 협동을 경쟁보다 더 중요하게 여깁니다. 부모는 자녀들에게 타인과의 감정이입을 하라고 가르치고 또한 타인의 눈을 통해 세계를 보는 역량을 기르라고 가르치죠. 그리고 부모는 자녀들에게 타인과 협력하라고 가르치고 또한 자신뿐 아니라 자기 주변의 공동체에 대한 책임도 감당하라고 가르칩니다. 자녀들에게 감정이입을 가르치기 위해, 부모는 먼저 모범을 보이고 그들에게 깊은 감정이입을 합니다. 부모는 자녀들의 관점을 이해하기 위해 노력하고 그들에게 열린 마음과 다정한 어조로 말을 건네죠.

웨흘링 ___ 자애로운 부모 모형은 위계적 의사소통 대신에 눈높이의 초점을 열린 의사소통에 맞춥니다. 자녀들은 마음속의 말을 하고, 자신의 고유한 생각을 계발하라는 격려를 받으며, 자녀들과 부모는 서로를 존중하죠. 이는 엄격한 아버지 모형과 다릅니다. 그러한 모형에서는 자녀들이 부모에게 존경을 표하는 것을 기대하지만, 그 역은 성립하지 않습니다.

레이코프 ___ 그렇습니다. 하지만 자애로운 부모 모형에서도 부모가 가정의 권위라는 것은 여전한 사실이고, 부모는 결국 결정을 내리는 사람입니다. 단, 결정은 자녀들과 논의해서 내리죠. 그래서 자녀들을 향한 책임의 개념과 함께, 왜 어떤 규칙을 정하고 왜 어떤 결정을 내리는가에 대한 솔직한 대화가 이뤄집니다.

웨흘링 ___ 그런데 벌의 위협을 통하지 않는다면 자녀들은 부모의 권위를 존중하는 방법을 어떻게 배우나요?

레이코프 ___ 자녀들은 부모가 자신과 상호 작용하는 방식에 근거하여 자신이 부모에게 느끼는 사랑과 존경을 통해 그것을 배웁니다. 엄격한 규칙 준수와 규칙 파괴에 대한 영향 대신에 이 모형은 긍정적 애착에 초점을 맞추죠. 자녀들이 성공하고 부모의 안내를 따르고 싶은 이유는 두 가지입니다. 먼저 부모에게 자부심과 행복감을 안겨드리고 싶기 때문이에요. 그리고 자신의 평안을 지켜주는 부모를 신뢰하고 존경하기 때문입니다.

웨흘링 ___ 다른 이유도 있을까요?

레이코프 ___ 글쎄요, 자녀들은 개인적 탁월함을 위해 노력하라는 가르침을 받습니다. 부모는 자녀들이 꿈을 좇도록 그들에게 권한을 위임하죠. 그래서 자녀들은 세계 내에서 스스로 성공하기 위해 노력합니다. 중요한 점은 이 모형에서 성공을 '타인들보다 더 우월한 성공'이나 '타인들에 대한 성공'으로 이해하는 것이 아니라, 자신의 잠재력을 다 발휘한다는 것으로 이해한다는 것입니다. 예컨대 개인의 성공은 다른 누군가를 돕는다든지 어떤 종류의 물질적 보상도 바라지 않은 채 한 집단을 위해 책임을 감당한다는 것을 의미할 수 있습니다.

웨흘링　　그러니까 그 말씀은 엄격한 아버지 모형과 자애로운 부모 모형의 차이를 이기주의와 이타주의로 환원할 수 있는 것처럼 들리는 군요.

레이코프　　그건 아닙니다. 이 두 모형의 핵심은 이기주의 대 이타주의가 아니에요. 엄격한 아버지 모형은 타인의 이익보다 더 많은 자기 이익의 추구를 도덕적 행위로 봅니다. 어떤 측면에서 이는 친사회적 행위로 간주됩니다. 만일 모든 사람들이 어쨌든 자기 자신의 평안을 추구한다면 모든 사람들의 평안이 극대화된다는 전제 아래에서 이 모형이 작동하기 때문입니다. 자신을 세심하게 보살피는 것은 사회적으로 책임 있는 방식으로 행동하는 것이죠. 이유는 두 가지입니다. 우선 어떤 사람도 당신을 보살피지 않을 것이기 때문입니다. 그리고 그에 따라 당신이 스스로를 보살피게 된다면, 다른 사람들이 자신을 보살필 수 있을 정도로 강해지는 데 도움이 되는 체계가 계속 확대되기 때문입니다.

웨흘링　　이 논리에 따르면, 자신을 보살피는 것이 타인을 돌보는 최선의 길이군요.

레이코프　　정확히 그렇습니다. 그리고 자애로운 부모 모형의 경우에는 목표가 완전히 이타적이 되도록 자녀를 양육하는 것이 아닙니다. 사실 만개한 이타주의는 자녀들이 사회적 책임을 배우는 것을 방해할 것입니다. 왜일까요? 개인적 책임과 사회적 책임은 나란히 가야 하기 때문입니다. 진정으로 책임감이 있다는 것의 의미가 무엇인지 잠시 생각해봅시다. 글쎄요, 어떤 실제적 책임도 자신에 대한 책임에서 시작합니다. 당신 자신을 잘 보살필 때에만 타인을 보살필 수 있기 때문이죠.

웨흘링　　엄격한 아버지 모형과 자애로운 부모 모형은 둘 다 개인적 책임을 담고 있습니다. 그러나 진보주의에서는 개인적 책임을 사회적 책임을 위한 토대로 보지, 타인으로부터 최대한 독립적이 되는 수단으로 보지 않습니다.

레이코프　　맞습니다. 자애로운 부모 모형은 당신의 목표와 자기 성취를 위해 노력하는 것과 행복하고 건강하게 되는 것, 자신을 자애롭게 돌보는 것의 도덕적 가치를 인식합니다. 자기 보살핌의 이러한 모든 양상은 당신에게 타인을 보살필 수 있도록 해주죠. 이 모형에서 부모는 자신과 타인을 보살피는 사람이 되도록 자녀들을 양육합니다. 분명히 이는 이타주의 개념과 아주 다릅니다. 이타주의는 어떤 경우에든 자기 자신의 필요와 소망보다 타인의 필요에 우선순위를 두니까요.

웨흘링 하지만 자애로운 부모 모형에는 쉽게 식별할 수 있는 약한 지점, 그러니까 절제의 결여가 있습니다. 자녀들은 어떤 엄격한 규칙이나 도덕적 권위의 간섭도 없이, 자신이 좋아하는 것은 무엇이든 할 수 있는 '자유방임' 방식의 양육을 받죠.

레이코프 그렇지 않습니다. 자애로운 부모 모형은 부모가 자녀들의 삶에 비교적 개입하지 않고 자녀들이 즐거운 일은 무엇이나 하도록 허용하는 자유방임 양육을 함축하지 않습니다. 사실은 정반대이죠. 자녀들이 개인적 책임과 사회적 책임을 감당하도록 양육하는 데에는 그들에게 엄청난 노력을 쏟아붓고 그들의 삶에 개입하며, 그들을 위한 바람직한 도덕적 행위의 모형을 끊임없이 만들어내야 하거든요.

  그렇지만 당신의 비판은 흥미롭군요. 진보적인 가정의 가치에 대한 보수주의자들의 근본적인 오해를 보여주기 때문입니다. 보수주의자들은 보통 자애로운 양육을 방종적인 양육이나 자유방임 양육이라고 이해하죠.

웨흘링 방종적인 양육은 자녀들에게 자기 책임을 배우도록 요구하지도 않고 원하는 것을 무엇이나 주는 것을 의미합니다. 그리고 자유방임 양육은 자녀들에게 경계를 설정하지 않고 자신이 원하는 것을 무엇이든지 하도록 허용하는 것을 의미합니다.

레이코프　그래서 방종적인 양육과 자유방임 양육에서는 자녀들에게 자신에 대한 책임과 타인에 대한 책임을 감당하도록 요구하지 않습니다. 이는 자애로운 양육과는 정반대의 가치관입니다. 보수주의자들이 보통 이 세 모형 사이에서 어떤 차이도 인식하지 못하는 이유는 이 중 어떤 모형도 엄격한 도덕적 권위나 절대적 옳고 그름, 벌, 순종에 근거하지 않기 때문이죠.

웨흘링　하지만 우리는 자애로운 부모 모형을 어떻게 가치에 근거한 모형—도덕성의 모형—이라고 이해할 수 있을까요? 만일 무엇이 옳은지와 무엇이 그른지를 자녀들에게 알려주는 명확한 규칙이 전혀 없다면 말입니다.

레이코프　물론 이 모형에도 내재적인 '옳음'과 '그름'의 개념이 있습니다. 그러나 이 개념은 엄격한 아버지 모형 내의 '옳음'과 '그름' 개념에 비해 덜 정교해요. 자애로운 부모 모형 내에서 이 개념은 더 상위의 더 일반적인 층위의 행동에 내재합니다. '도덕적' 행위와 '비도덕적' 행위는 사람들이 일반적으로 타인들과 상호 작용하는 방식에서 드러납니다. 예컨대 타인들에게 해를 끼치거나 타인들이 자신에게 해를 끼치도록 허용하는 것은 잘못입니다. 한편 사람들을 이해하고, 사람들의 인품을 알아보고, 사람들의 개인적 필요를 인식하고, 사람들을 보살피는 것은 옳습니다. 이러한 점이 자애로운 부모 모형의 가장 중요한 도덕적 원리입니다.

<u>웨흘링</u>　일상생활에서 이러한 일반 원리를 실행하기 위해서는 많은 감정이입을 필요로 하겠군요. 우리가 어떤 주어진 사회적 맥락에서 무엇이 '해를 끼치는 일'이고 무엇이 '보살피는 일'인가를 이해할 수 있는 것은 바로 감정이입 덕분이죠. 우리는 다른 사람들의 입장에 서서 그들의 필요와 고투를 이해할 수 있어야 합니다.

<u>레이코프</u>　바로 그렇습니다. 그래서 어떤 면에서는 당신이 옳을지도 모르겠군요. 자애로운 부모 모형에는 명확하게 정의한 '옳은' 행동과 '그른' 행동의 모음이 없습니다. 또한 도덕적 행위와 비도덕적 행위가 세계를 '선'과 '악'의 범주로 나누는 구분에 뿌리박고 있지 않죠. 이렇게 구분하는 경우에는 맥락이 무엇이든 관계없이 어떤 행동을 하면 당신은 선하게 되고 다른 어떤 행동을 하면 악하게 됩니다. 그러나 자애로운 세계관 내의 도덕적 행위는 사람들과 그들의 상황에 대한 감정이입을 요구합니다. 자애로운 부모 가정에서는 자녀들에게 옳음과 그름을 명령하는 어떤 권위에 복종하도록 양육하는 것이 아니라, 다른 사람들을 이해하고 그들에게 감정이입을 하도록 양육합니다.

<u>웨흘링</u>　그래서 우리는 보수주의의 도덕적 교훈 대신에 진보주의의

도덕적 관용을 바라봐야 하는군요.

레이코프___ 그렇습니다. 다른 사람들을 이해하기 위해서는 먼저 그들을 인내해야 합니다. 당신은 상황을 그들의 시각으로 살펴볼 수 있는 의지와 역량을 지녀야 해요. 사람들을 판단하기보다, 오히려 그들을 이해하려고 노력해야 합니다. 이 둘은 매우 다른 작동 양식이죠.

웨흘링___ 만일 선생님의 궁극적인 목적이 다른 사람들을 이해하는 것, 즉 그들의 시각으로 상황을 바라보는 것이라면 선생님은 특별히 선생님 자신의 도덕 체계에만 있는 가치에 근거하여 세계를 옳음과 그름으로 나누는 체계를 유지할 수 없습니다. 사실 그러한 구분은 상당히 문제가 있죠. 이 구분으로 인해 사람들은 자신의 가치를 다른 사람들에게 강요하기 쉬울 테니까요.

레이코프___ 그렇습니다. 하지만 다른 뭔가가 여기에 작용합니다. 그리고 이 다른 무엇은 엄격한 아버지 모형 내의 절대적인 도덕적 권위 개념과, 세계가 선과 악으로 나뉜다는 생각과 관련이 있습니다. 엄격한 아버지 모형에서는 아버지가 가정 내의 도전이든 가정 밖의 도전이든 어떤 도전도 허용할 수 없는 절대적인 도덕적 권위이죠. 그리고 아버지는 가정의 합법적 권위이기 때문에, 그가 보유한 가치는 정의상 '선하고 옳'습니다. 그렇다면 그는 자신의 가치와는 다른 가치에 따라 살아가는 사람들을 어떻게 바라볼까요?

글쎄요, 그러한 사람들의 신념은 옳고 그름을 구별해야 하는 자신의 합법적 권위를 위협합니다.

웨흘링 ─── 그러므로 그러한 사람들은 용인받을 수 없죠.

레이코프 ─── 바로 그렇습니다. 그래서 가정 내에서 자신의 가치를 유지하고 또한 다른 가치 체계에 대항해 자신의 가치를 옹호하는 것이 아버지의 도덕적 임무가 됩니다. 이것이 미국 사회에서 어떻게 작동하는지에 대한 완벽한 실례를 하나 들려줄게요. 캔자스주의 어느 작은 마을에 사는 보수적인 가정의 아버지를 예로 살펴보겠습니다. 그를 조(Joe)라고 부르기로 하죠. 왜 이 사람 조는 캘리포니아주의 동성 결혼 허용에 반대할까요? 왜 그는 사랑하는 두 사람이 샌프란시스코에서 결혼을 하는지의 여부에 **그토록** 관심을 가질까요? 아마도 그는 가까운 언젠가 샌프란시스코로 이사할 계획을 세우고 있지도 않을 것입니다. 그리고 공개적으로 동성 결혼을 한 샌프란시스코 출신의 이 두 사람이 캔자스로 주거를 옮길 가능성도 낮죠. 따라서 이 보수적인 가정의 아버지 조가 행여 이 행복하게 결혼한 동성애자 부부를 만나기라도 할 가능성은 아주 낮습니다. 그런데도 수천 마일 떨어진 곳에 사는 동성애자들의 결혼이 왜 조에게 문제가 될까요? 자, 이 결혼이 조에게 중요한 이유는 동성 결혼 가정 개념이 조가 자신의 가정을 운영하는 가치 체계를 위협하기 때문입니다. 가정에 아버지가 둘일 수 있다는 발상이나, 여성끼리의 결혼인 경우에는 아버지가 하나도 없을 수 있다는 발상이 젠더 기반의 권위 체제를 위협하니까요.

웨흘링＿＿ 엄격한 아버지 모형의 도덕성에 반대하는 가치를 용인하는 것은 도덕적 약함—도덕적 중추의 결여—으로 간주되는 것이군요. 이와 대조적으로 진보주의자는 관용을 약함의 징표로 간주하지 않죠. 자애로운 부모 모형에서는 관용이 강인함의 징표입니다. 즉, 관용은 감정이입에 근거하며 사람들이 서로 협력하고 서로를 보살피게 합니다. 그뿐 아니라 관용은 다른 사람들에 대한 책임을 떠맡는 데에도 역시 필수적입니다.

레이코프＿＿ 그렇습니다. 사회적 책임을 감당하는 것은 모든 사람들의 평안을 고양하기 위해 노력하는 것을 의미하기 때문입니다. 그리고 만일 사람들을 현재의 모습 그대로 수용하고 그들에게 개인적 성취를 위해 노력하도록 허가한다면, 그들의 평안은 극대화됩니다. 그래서 이 모형에서는 무엇이 '옳은' 존재 방식을 형성하고 무엇이 '그른' 존재 방식을 형성하는지 엄격한 개념을 가지는 것이 아니라, 사람들이 개인으로서 현재 모습 그대로 인정을 받아야 합니다. 당신이 서로 다른 종교와 서로 다른 젠더 정체성, 서로 다른 문화적 규범을 환영하는 이유는 이 차이를 진보적인 가치 체계에 대한 위협으로 보지 않기 때문이죠. 사실 우리와 다른 사람들을 용인하지 않는 자세가 바로 진보적인 가치 체계에 대한 위협이 될 것입니다. 그러한 행위는 진보적인 가치 체계의 핵심 — 감정이입과 자애로운 양육, 사회적 책임 — 을 위반하기 때문입니다.

웨흘링   그러나 세계에는 악한들이 있습니다! 그래서 진보적 관용조차도 어디에선가 멈춰야 합니다. 그러지 않으면 선생님은 불의에 눈을 감는 죄를 짓게 될 테니까요.

레이코프   그렇습니다. 진보적인 관용은 자연스러운 경계를 지니고 있습니다. 그리고 이 경계는 해(害)입니다. 진보적 관용이 끝나는 곳은 다른 사람에게 해를 끼치기 시작하는 곳이에요. 다른 사람들을 해로부터 보호하는 것은 자애로운 부모 가정 모형의 중요한 성분입니다.

웨흘링   잠깐만요. 방금 전에 우리는 악에 대항해 우리의 가정을 보호하는 것이 엄격한 아버지 모형의 발상이라고 말했습니다. 그렇다면 우리는 지금 이 두 세계관 사이의 도덕적 유사성을 밝히고 있는 건가요?

레이코프   꼭 그렇지는 않습니다. 엄격한 아버지 세계관의 측면에서 우리의 가정을 '방어하는' 것과 자애로운 부모 세계관의 측면에서 우리의 가정을 '보호하는' 것 사이에는 차이가 있습니다. 엄격한 아버지는 자신의 가정을 방어합니다. 보수적인 총기 규제 반대에 대해 생각해봅시다. 보수주의자들은 왜 총기 소지를 당연하다고 지지할까요? 어떤 유형의 세계관이 사람들로 하여금 시민들의 총기 무장을 허용하는 정책을 선호하도록 인도할까요? 이러한 질문에 대한 답은 이 세계가 위험한 장소이며 이 세계에는 위험한 악이 있다고 가정하는 답입니다. 악에 대항해 가족을 지키려면, 당신은 악한 사람들을 총으로 쏴야 할지도 모릅니다. 때로는 '악에는 악한 도구로' 싸워야만 하기 때문이죠. 엄격한 아버지 모형에서는 자신의 가정을 '방어하기' 위한 무기로 총기를 사용하는 것이 도덕적으로 옳습니다.

자, 이제 자애로운 부모 모형에서 해악으로부터 사람들을 보호한다는 개념을 살펴보겠습니다. 만일 해로부터의 보호가 당신의 도덕적 의무 중 하나라면, 당신은 시민들이 서로에게 가능한 한 해를 끼치지 않도록 보장해야 합니다. 그렇지만 미국의 총기 소지 합법화로 인해 사람들은 아주 쉽게 서로에게 해를 끼치거나 서로를 죽이기조차 하죠! 바로 이런 연유에서 진보적 세계관에 따라 살아가는 사람들은 총기 소지 금지를 지지합니다. 당신은 사람들이 서로 총을 쏘지 못하도록 막기 위해 총기 소유를 금지해야 하고, 그들에게 총기를 제공하는 것을 중단해야 하며, 슈퍼마켓 선반에서 탄약을 치워야 합니다.

웨흘링 　　그래서 진보주의의 총기 정책은 해악으로부터의 보호 개념에 근거합니다. 또한 이 도덕 원리에 뿌리박은 다른 정책도 있습니다. 소비자 보호 정책을 예로 들어보죠. 이 정책은 심각하고 장기적인 건강 문제를 초래하는 독성 물질을 함유한 음식을 먹어야 하는 상황으로부터 시민들을 보호하고자 노력합니다. 또 다른 예로 환경보호 정책을 살펴보면, 이 정책은 오염된 공기나 오염된 물을 마셔야하는 상황으로부터 사람들을 보호하고자 노력합니다.

레이코프 　　아니면 성교육을 살펴보죠. 이 정책의 목적은 젊은이들을 계획하지 않은 임신과 성병의 피해로부터 보호하는 것입니다. 젊은이들은 자신을 보호하고 보호받기 위해서 이러한 주제에 대한 교육을 받아야 합니다. 하지만 미국의 보수주의자들은 이 견해를 공유하지 않아요. 그들은 이러한 교육이 젊은이들 사이의 성행위를 부추긴다고 추정하며 학교 내 성교육에 대해 격렬히 반대합니다.

웨흘링 　　서구 유럽의 다른 민주국가와 비교할 때 미국의 두드러진 특징 하나는 철저한 징벌 제도입니다. 예컨대 아동과 십 대들도 감옥형을 선고받을 수 있습니다. '시민들을 보호하는 것'에 대한 보수적인 개념과 진보적인 개념은 미국의 범죄 정책에 어떠한 영향을 미치나요?

레이코프 미국의 사법제도가 오늘날의 모습과 같이 언제나 징벌적인 것은 아니었습니다. 미국의 사법제도는 보수주의자들의 영향을 받아 변화했어요. 엄격한 아버지 도덕성에 따르면, 범죄자는 비도덕적인 나쁜 사람과 동일시됩니다. 사법제도의 한 과제는 이 나쁨(비도덕성)이 사회 전역으로 퍼져나가지 않도록 분명히 차단하는 것이죠. 이 유형의 사유는 우리가 앞에서 논의했던 은유 중 하나인 [도덕성은 건강] 은유에 근거합니다. 우리는 어떻게 비도덕적인 오염에 대항해 사회를 가장 잘 지킬 수 있을까요? 바로 비도덕적인 사람들을 가두어 격리하면 됩니다.

웨흘링 이 사유는 '직접적 인과관계' 개념에 근거하고, 이 개념은 엄격한 아버지 모형의 초석이죠. 즉, 법을 위반하는 사람들이 그렇게 하는 이유는 간단합니다. 바로 본성적으로 비도덕적인 나쁜 사람들이기 때문입니다.

레이코프 정확한 지적입니다! 그리고 그러한 '나쁜 사과'는 사회로부터 제거해야 합니다. 보수적인 '삼진아웃'법의 개념적 전제들에 대해 잠깐만 숙고해볼까요. 이 법에 따르면, 법을 세 번 위반하는 사람은 종신형을 받습니다. 이 세 범죄의 세부 사항에 관계없이 말이죠.

웨흘링 자애로운 부모 모형은 범죄에 대한 다른 방식의 사유를 암시합니다. 이 모형은 '유기적 인과관계' 개념을 고려합니다. 즉, 이 모형은 범죄가 서로 별개이면서도 상관관계를 지닌 수많은 사회적 원인의 결과물이라고 가정합니다.

레이코프 _____ 그러므로 범죄를 퇴치하는 가장 효율적인 방법은 빈곤, 성차별, 교육 부재, 건강관리 결여 등의 문제에 대처하는 예방적인 사회정책을 통해 범죄의 뿌리를 제거하는 것입니다. 간단히 말해서 진보주의자들은 최선의 반범죄 정책은 범죄를 예방하는 데 도움이 되는 정책, 그러니까 사람들에게 삶의 기회를 주고 그들을 절망과 사회적 공격성으로부터 보호하는 정책이라고 믿습니다. 자애로운 부모 모형의 사유에 따르면, 범죄로부터 사회를 보호하는 방법은 범죄 발생 이후에 범죄자들을 기소하여 가두는 것이 아니라 범죄의 뿌리를 제거하는 것이죠.

웨흘링 _____ 더욱이 이상적인 엄격한 아버지 사회는 나약한 사람들을 방종케 하는 프로그램을 최소화하고 경쟁을 극대화할 테지만, 이상적인 자애로운 부모 사회는 정부의 치리를 도덕적 의무로 간주할 것입니다.

레이코프 _____ 그렇습니다. 정부의 프로그램은 도움을 필요로 하는 사람들을 지원하는 데 필수적입니다. 사회복지는 감정이입과 역량 강화 개념에 근거합니다. 어떤 사회든 사회적으로나 경제적으로 취약한 사람들이 있어요. 그리고 다양한 이유로 자신을 보살필 역량이 없는 사람들이 있습니다. 예를 들면 신체적인 부상이나 정신적인 상처로 고통받는 사람들이나 장애를 가지고 태어난 사람들이 있죠. 또한 다양한 이유로 아주 고단한 삶을 살아가는 사람들이 있습니다. 많은 사람들이 더 이상 자신을 돌보지 못하고 평안한 삶을 살아가지 못하고 있습니다. 그들의 사회적으로나 경제적으로 아주 어려운 처지가 그러한 환경과 함께 태어났기 때문이든 살아가면서 부닥뜨린 환경 때문이든 말이에요.

웨흘링　　자애로운 부모 모형에는 도덕 사회가 무엇을 제공해야 하는가를 규정하는 수많은 도덕적 원리가 있습니다. 핵심적인 원리 중 하나는 인간이 감당할 수 있는 혹독한 처우는 얼마까지인지 그 한계를 규정하고 있죠.

레이코프　　달리 말하면, 인간이 최소한 어떤 처우를 받아야 하는가에 대한 수용 가능한 기준이 있습니다. 예컨대 사람들을 굶어 죽게 하거나, 거리에서 살도록 방치하거나, 기본적인 의료 혜택을 받지 못한 채 살아가도록 해서는 안 됩니다. 사회의 모든 시민은 인간으로서의 존엄의 최소 기준에 맞는 삶을 살도록 지원받아야 해요. 그리고 그러한 일을 추진하는 것이 정부의 도덕적 의무입니다.

진보적인 세계를
지탱하는 핵심어

공동 재산

웨흘링___ 선생님이 방금 말씀하신 사회적 기반 구조는 과세를 통해 유지됩니다. 그런데 미국의 보수주의자들은 낮은 과세를 선호하고, 우리는 그들의 입장이 어떻게 엄격한 아버지 도덕성에서 나오는지 논의했습니다. 즉, 그들은 높은 과세를 자기 절제에 대한 비도덕적인 처벌이자 경제적인 경쟁에 대한 위협으로 간주합니다. 자애로운 부모 세계관은 과세에 대해 무슨 얘기를 하나요?

레이코프___ 자애로운 부모 모형은 시민들이 서로 책임을 지고 서로를 보살펴야 한다고 주장합니다. 그리고 이 모형은 정부에게 시민들이 이 일을 행할 수 있도록 해야 한다고 장려하죠. 이 발상은 결코 새로운 것이 아닙니다. 프랭클린 루스벨트(Franklin D. Roosevelt)가 미국의 대통령이었던 시대를 회상해보세요. 루스벨트는 미국의 역사적 원칙인 '공동 재산 원칙'을 되살려냈습니다.

웨흘링___ 이 원칙은 단순합니다. 공동의 이익을 위해 공동의 부를 사용하는 것이죠. 시민들은 세금을 통해 돈을 함께 모으고, 그다음에 이 자금을 사용해 모두에게 혜택이 돌아갈 기반 시설을 짓고 유지합니다.

레이코프___ 그리고 이 기반 시설이 모든 시민의 역량을 강화해 자신의 꿈과 삶의 목적을 좇도록 해줍니다. 글쎄요, 오늘날까지 미국은 '공동 재산 원칙'에 따라 살고 있습니다. 즉, 우리는 공동의 이익에 공동의 부를 사용하기 위해 세금을 모읍니다. 오늘날 우리가 유지하는 공적인 기반 시설은 어마어마합니다! 이 기반 시설은 모든 시민 한 사람 한 사람의 일상적 삶에 영향을 미칩니다.

　제가 맞혀볼까요. 오늘 오전 당신은 아마 앉아서 아침을 먹었을 것입니다. 그리고 우리가 살고 있는 이 시대에 아마도 아침을 먹는 동안 이메일과 페이스북을 살펴봤겠죠. 그리고 당신의 아이패드로 〈뉴욕타임스〉를 읽었을 테고요.

웨흘링___ 예, 그 맥락과 비슷한 뭔가를 했습니다.

레이코프 인터넷은 세금으로 개발했습니다. 우리의 휴대전화 통화를 가능하게 해주는 위성통신 체계도 세금으로 개발했고요. 도시는 물론 시골에서도 전기를 이용할 수 있는 것은 우리가 세금으로 모든 사람들이, 심지어는 중서부의 시골 사람들도 접근 가능한 전기 기반 시설을 구축했기 때문입니다. 은행의 붕괴를 막는 우리의 금융제도를 유지하는 데에도 세금이 들어갑니다. 주식시장의 정직성을 보장하는 증권거래 규제 제도도 마찬가지예요. 사법제도의 운영에 들어가는 비용도 대부분 세금에서 감당합니다. 비록 이 제도는 활동의 약 90퍼센트가 상법이나 회사법과 관련되지만 말이죠.

웨흘링 간단히 말해서, 미국에서 삶을 꾸려가는 사람들은 모두 공동의 부를 이용하고 있습니다. 사업을 해 어마어마한 돈을 버는 사람들 역시 공동의 돈을 투입한 이 기반 시설을 이용해 자신의 사업체를 설립하고 유지하죠.

레이코프 맞습니다. 당신은 은행에서 융자를 받고, 계약서에 서명을 하며, 통신 체계를 이용하고, 자동차로 거리를 달려 고객에게 가고 물품을 수송합니다. 당신이 이 모든 일을 할 수 있는 이유는 이 필수적인 기반 시설을 구축하는 데 세금을 투입했기 때문입니다. 그리고 더 많은 돈을 벌수록 당신은 아마도 이러한 기반 시설을 더 많이 사용할 것입니다. 구체적으로 말하면, 광고도 더 많이 하고, 더 많은 물품을 수송하며, 더 많은 계약을 하고, 더 많은 융자를 받는 등의 방식으로 말이죠. 그래서 당신이 거대한 기업체를 운영하기 때문에 다른 사람들보다 이 기반 시설을 더 많이 사용한다면, 이 기반 시설을 유지하는 데 세금으로 공정한 몫을 내야 합니다.

웨홀링___ 그렇지만 미국의 많은 기업체 소유자들은 타인의 도움 없이 혼자 힘으로 성공했다는 확고한 믿음을 지니고 있습니다. 그들은 자신을 '자수성가한' 기업가라고 믿죠. 이는 '공동 재산' 발상과 대립하며 세금에 근거한 공적인 역량 강화를 간단히 무시하는 개념적 틀입니다.

레이코프___ 절대적으로 옳은 말입니다. 많은 사람들은 자신이 살아가면서 일상적으로 이 기반 시설을 이용한다는 사실을 인식하지 못합니다. 그들은 자신이 우리의 공동 재산에 심히 의존한다는 사실을 인식하지 못하죠. 이는 엄격한 아버지 모형의 본성 때문입니다. 만일 세계가 경쟁적인 곳이며 주변 사람들과 영원한 경쟁을 해야 한다고 믿는다면, 당신은 자신이 타인들과 대결하고 있다고 생각합니다. 이상적인 엄격한 아버지는 이 세계에서 성공하는 아버지이죠. 그것도 자기 혼자 힘으로 말이에요. 이 모형의 핵심 가치는 공동의 이익과 사회적 책임이 아니라, 자기 의존과 사익입니다.

웨흘링 ─── 엄격한 아버지는 타인들과 협력하지 않습니다. 그는 타인들을 제압하고 상을 받죠!

레이코프 ─── 바로 이런 이유에서 공적 기반 시설 개념은 이 모형과 어울리지 않습니다. 이상적인 엄격한 아버지는 사회가 자신을 태어난 그 순간부터 도왔다는 사실과, 자신의 모든 노력과 성공이 공동체가 모든 사람들을 위해 구축하여 계속 유지해온 것들에 근거한다는 사실을 하나도 인정하지 않습니다. 이는 개인의 성공이 도덕적 강인함과 자기 절제의 산물이 아니라는 것과, 세계가 필연적으로 경쟁적이지는 않다는 것을 의미할 테니까요.

가정 양육 모형이
정치적 도덕관을 결정한다

<u>웨흘링</u> 2006년부터 지금까지 독일 총리는 보수적인 기민당의 앙겔라 메르켈(Angela Merkel)이고, 마거릿 대처(Margaret Thatcher)는 영국의 엄격한 정치적 인물이었습니다. 여성이 엄격한 아버지일 수도 있나요?

<u>레이코프</u> 물론입니다. 여성은 은유적으로 국가 전체의 엄격한 아버지일 수 있습니다. 그리고 자신의 가정에서 엄격한 아버지의 이상적이고 전형적인 역할을 수행할 수도 있습니다. 흔히 미혼모의 경우에 그렇습니다. 이런 미혼모는 가정 내 권위적인 남성 인물의 부재를 자신이 보상해야 한다고 믿습니다. 엄격한 아버지 모형을 신봉하는 여성은 자녀들이 순종하지 않을 때 그들을 때리기도 하죠. 예, 여성도 가

정에서 엄격한 아버지의 역할을 맡을 수 있으며 정치에서 은유적인 엄격한 아버지일 수 있습니다.

배우자들이 서로 다른 세계관을 지닌 가정도 있죠. 남편은 자애로운 부모 세계관을 지지하지만, 아내는 엄격한 아버지 모형을 신봉하는 거예요. 이는 아주 흔한 일입니다. 헤아릴 수 없이 많은 결혼이 파국을 맞는 이유는 배우자들이 서로 다른 도덕적 신념 체계를 지니고 있어서, 가정을 운영하고 자녀를 양육하는 최선의 방법에 대해 의견의 일치에 도달할 수 없기 때문입니다.

웨흘링___ 사람들은 이렇게 물을 수 있습니다. 엄격한 아버지 모형과 자애로운 부모 모형을 이처럼 실제 생활에 다양하게 적용하는 것이 정말로 적절할까요?

레이코프___ 물론이죠. 이 두 모형은 모든 이상화된 인지 모형과 마찬가지로 똑같이 적절합니다.[24] 우리가 세계에 대해 구조화된 방식으로 추론하는 데 도움이 되기 때문이죠. 이상적인 원형으로서, 이 두 모형은 우리가 세계를 이해하고 판단하며 범주화하는 데 도움이 됩니다.

이 두 모형은 일상생활에서 정확히 이상화된 형태로 나타날 필요가 없습니다. 〔국가는 가정〕 은유와 이 은유의 경쟁하는 두 도덕성—엄격한 아버지 도덕성과 자애로운 부모 도덕성—은 우리가 명확하게 구별할 수 있는 이상화된 두 모형을 통해 도덕적 자녀양육과 도덕적 치리에 대해 생각하는 방식을 구조화합니다.

웨흘링 ___ 그렇다고 둘 중 어느 한 모형의 이상적인 유형인 가정에서 자라야 이 두 모형을 이해하는 것은 아닙니다. 그리고 엄격한 아버지 가정이나 자애로운 부모 가정의 이상화된 유형에서 벗어나는 많은 가정이 있죠.

레이코프 ___ 하지만 사람들은 자동적으로 일상의 사유에서 이상적이고 전형적인 모형에 의지합니다. 이것이 바로 마음이 작동하는 방식이에요. 이상화된 인지 모형은 우리의 일상 인지에서 아주 중요합니다.

웨흘링 ___ 그리고 만일 가장 지지하는 이상화된 모형이 엄격한 아버지 도덕성이라면 우리는 정치적으로 더 보수적일 가능성이 높습니다. 만일 자애로운 부모 모형을 지지한다면 우리는 더 진보적일 가능성이 높고요. 진보주의자들의 눈에는 언제나 '도덕적으로 그를' 수 있는 정책이 보수주의자들의 눈에는 아주 도덕적일 수 있죠. 간단히 말해서, 도덕적 옳고 그름을 설명하기는 무척 어렵습니다.

레이코프 ___ 그렇습니다. 보수주의자들의 눈에는 엄격한 아버지 이상과 일치하는 정책이 아주 도덕적이죠. 진보주의자들은 "당신이 정치에서 하는 행위는 정말로 잘못이다"라고 말할 수 있지만 보수주의자들은 이 말에 바로 "사실은 결코 그렇지 않다. 우리에게 해야 한다고 말하는 당신의 제안이 잘못이다"라고 답할 것입니다. 그리고 이런 식의 대화는 영원히 계속될 수 있습니다. 불행히도 이것이 정책 입안과 정치적 토의의 실재입니다. 사람들은 보통 객관적인 도덕성이 하나도 없다는 사실을 인정하지 않으려 해요. 그들은 단지 '옳음'과 '그름'의 한 유형만 있다고 가정합니다. 미국 정치의 핵심에 두 개의 도덕적인 세계관이 있다는 사실을 인식하지 못하죠. 또한 이 둘 중 어느 한 신념 체계를 지지하는 사람들에게는 각각 자신들이 지지하는 체계가 똑같이 '사실'이라는 것도 알지 못합니다. 설령 이 두 신념 체계가 서로 충돌하고 정반대의 정책 제안을 내어놓는다 할지라도 말이에요.

4장

왜 나는 보수와
진보 사이에서
갈등할까?

가정에서는 자애롭고 직장에서는 엄격한 사람들

사회적 지배 vs
사회적 감정이입

웨홀링 ____ 엄격한 아버지 모형과 자애로운 부모 모형은 각각 사회적 지배와 사회적 감정이입에 중점을 둔다고 말하는 것이 타당해 보입니다.

우리는 이미 인지가 보통 우리의 삶에서 처음 5년 동안에 하는 신체적 경험에 뿌리박고 있다는 사실을 논의했습니다.

우리가 어떻게 사회적 지배 개념을 습득하는지를 파악하는 것은 쉽습니다. 즉, 어린 잭이 어린 스티브보다 신체적으로 힘이 더 세면, 잭은 자신의 신체적 힘을 사용해 놀이 친구에게 자신의 뜻을 강요할 수 있다는 것을 배웁니다. 놀이 친구를 지배하는 신체적 경험은 잭이 사회적 지배 개념을 배우는 데 도움이 되죠.

이와는 대조적으로, 사회적 감정이입 개념을 습득하는 데에는 덜 신체적이고 더 추상적인 노력, 그러니까 더 의도적으로 개입해야 할 노력이 들어갈 것으로 보입니다. 어린 잭은 아버지나 어머니에게 형이나 누나, 동생의 감정을 살펴야 한다는 말을 듣는 것입니다.

사람들은 이렇게 궁금해할지 모르겠네요. 우리는 사회적으로 감정 이입을 하기 위한 훈련을 받아야 할까요? 사회적 지배 개념이 우리 인간 본성의 일부가 되는 동안 말이죠.

레이코프 아니요, 그렇지 않습니다. 이유는 다음과 같아요. 1991년에 신경과학은 신기원의 놀라운 발견을 했습니다. 파르마대학의 비토리오 갈레세(Vittorio Gallese)와 신경과학 연구팀은 이른바 '거울뉴런'을 발견했습니다.[25] 이는 우리가 어떤 행위를 실행할 때마다, 또는 우리가 다른 사람이 바로 이 행위를 실행하는 것을 볼 때마다 뇌에서 점화되는 뉴런입니다. 예컨대 우리가 바나나 껍질을 벗기고 있든 다른 사람이 바나나 껍질을 벗기고 있는 모습을 우리가 지켜보고 있든 우리의 뇌에서는 정확히 동일한 뉴런이 점화됩니다. 이렇게 거울처럼 행동을 '반영하는' 체계이기에 이러한 뉴런은 '거울뉴런'이라는 이름을 얻게 되었죠.

웨흘링 거울뉴런은 시각 정보나 청각 정보와 같은 지각적 입력을 규제하는 영역뿐 아니라 우리 뇌의 전(前)운동 피질—몸의 운동을 계획하는 영역—에도 내재합니다.

레이코프 맞습니다. 운동을 좀 해볼 테니 지켜보세요. 여기, 저는 당신의 연필을 집어 올려 계속 들고 있습니다. 당신이 저의 이 행위를 지켜보고 있을 때, 당신의 뇌에서 특정한 무리의 뉴런이 점화되고 있죠. 이러한 점화는 제가 수행하고 있는 이 복합 행동을 당신이 이해하도록 돕습니다. 지금까지는 다 좋습니다. 자, 이제 앞으로 나와 이 연필을 당신이 직접 집어서 올려보세요. 당신이 이 행위를 할 때, 당신 뇌 속의 특정 뉴런이 활성화되어 당신이 이 복합적인 행동을 수행하도록 돕습니다. 이는 당신이 이 연필을 집어 올리던 저의 행동을 단지 지켜보기만 했을 때 점화되었던 바로 그 뉴런입니다.

웨흘링 만일 그러한 뉴런이 동일하여 어떤 행동의 단순한 관찰이나 실제 수행에 대해 정확히 동일한 방식으로 활성화된다면, 인간은 이론적으로 자신이 관찰하는 모든 행위를 당연히 끊임없이 모방하고 있을 것입니다.

레이코프 그것이 중요한 핵심입니다. 그렇습니다. 만일 어떤 행동을 관찰하는 동안과 그 행동을 수행하는 동안의 뇌 활동이 **정확히** 동일하다면, 우리는 상호작용을 하는 매 순간마다 서로의 움직임에 대처할 것입니다. 그러나 이는 사실이 아닙니다. 왜냐하면 동일한 뉴런이 점화된다는 것은 사실이지만, 이러한 뉴런이 두 조건하에서 동일한 강도로 활성화되지는 않기 때문이죠. 당신이 어떤 행동을 직접 수행할 때, 뉴런의 활성화 수준은 당신이 다른 사람이 이 행동을 수행하는 것을 지켜볼 때보다 더 높습니다.

웨흘링　　그렇군요. 그런데 거울뉴런은 어떻게 어린 잭이 사회적 감정 이입을 배우는 것을 돕나요?

레이코프　　두 가지가 작동합니다. 첫째, 뇌에는 거울뉴런이 내재하는 지역과 감정을 관할하는 지역 사이의 연결이 있습니다. 둘째, 우리는 전 세계 사람들이 공유하는 '감정의 생리'가 있다는 사실을 알고 있습니다.[26] 모든 감정은 구체적인 안면 근육의 움직임을 동반합니다. 어떤 사람이 행복할 때나 분노할 때, 그 사람의 감정에 '미소 짓기'나 '얼굴 찌푸리기'와 같은 구체적인 안면 근육 움직임이 따릅니다.

　사람들은 단지 다른 사람들을 바라보기만 하고서 그 사람들이 행복하다는 것이나 슬프다는 것, 고통스럽다는 것, 분노하고 있다는 것을 어떻게 알까요? 바로 거울뉴런 덕분입니다. 우리의 뇌는 대화 상대자의 얼굴에 드러나는 근육의 아주 희미한 움직임에도 주목하여 우리 자신이 그러한 근육 움직임에서 느꼈던 감정을 거울뉴런을 통해 그대로 느끼는 것이지요.

웨흘링　　친구가 슬퍼하는 모습을 볼 때 우리 뇌에서는 자신이 슬픔을 직접 느낄 때와 마찬가지로 동일한 뉴런이 활성화되는 것이죠. 이는 우리에게 흥미로운 결론을 남깁니다. 즉, 다른 사람들에게 감정이입을 하는가의 여부는 우리의 의식적인 결정이 아니에요. 우리는 그냥 감정이입을 할 수밖에 없습니다. 우리의 뇌가 타인에게서 목격하는 감정을 자동으로 복사하기 때문이죠.

레이코프____ 대체로 그렇습니다. 거울뉴런은 우리 뇌에서 자동으로 활성화됩니다. 우리는 이 자동 활성화에 대한 통제력을 지니고 있지 않아요. 만일 우리의 대화 상대자에게서 드러나는 표정—안면 근육 움직임—을 우리가 직접 실행한다면, 이것은 우리 자신에게 무엇을 의미할까요? 거울뉴런은 바로 이것이 의미하는 바를 그대로 따라 합니다. 이러한 뉴런은 우리 뇌의 감정 중심에 연결되고, 이 중심은 연결된 구체적인 안면 근육 움직임의 기저에 있는 감정을 모의실험하죠.

간단히 말해서, 우리는 타인의 슬픔과 행복, 두려움을 모방함으로써 그러한 감정을 이해합니다. 어떤 사람들은 우리가 타인을 직관적으로 이해하는 것이 '마음 읽기'라고 말합니다. 그러나 실제로 감정이입을 하는 것은 완전히 자동적인 우리 뇌 속의 물리적 기제를 통해 가능합니다.

웨흘링____ 그렇다면 어린 잭과 어린 스티브가 평소처럼 운동장에서 놀다가 울고 있는 어린 밥을 갑자기 보게 된 상황을 가정해보죠. 잭이 계속 놀고 있을 때, 스티브는 밥에게 걸어가서 걱정스러운 얼굴로 앉으며 그를 위로하려고 애를 씁니다. 만일 감정이입이 주로 자동적인 생리적 기능이라면, 왜 우리 중 어떤 사람이 다른 사람보다 더 높은 정도의 감정이입을 경험할까요?

레이코프 하나의 예비 가설은 이와 같은 식으로 진행됩니다. 뇌에서 거울뉴런과 감정 중심 사이의 시냅스 연결이 강할수록, 사람은 그만큼 더 많은 감정이입을 경험하죠. 이 가설이 의미 있는 이유는, 어떤 사람들이 더 많이 공감적이 되는 방법—다른 사람들에게서 자애로운 양육과 감정이입적인 대우를 받아서—을 어떻게 '학습하는가'를 설명하기 때문이에요. 그러나 다른 가설도 있습니다. 신경 모의실험과 거울뉴런, 감정이입을 둘러싼 세부 사항은 여전히 연구 중입니다.

웨홀링 지배뿐 아니라 감정이입의 기저에도 물리적 기제가 있다고 가정하면, 처음의 질문을 이렇게 수정해보겠습니다. 사회적 감정이입은 사회적 지배보다 인간에게 더 자연스러운가요?

레이코프 저는 이 두 개념을 자연성과 신체화 정도의 측면에서 위계화하려는 시도가 허망한 노력이라고 믿습니다. 두 개념은 다 선천적으로 주어지죠. 감정이입은 우리 몸의 자연스러운 기능이고 우리 뇌의 생리에 뿌리박고 있습니다. 그리고 사회적 지배 개념에 대한 우리의 이해도 마찬가지로 선천적으로 주어집니다. 이 이해는 어떤 사람들이 다른 사람들보다 신체적으로 더 강하고 그 결과 자신의 의지를 남들에게 부과할 수 있다는 것을 우리에게 보여주는 우리 삶의 초기 경험에서 나옵니다. 두 개념은 신체적 경험에 뿌리박고 있어요. 그래서 흥미로운 질문이 나옵니다. "어떤 개념이 당신의 삶을 지배하는가? 그리고 왜 지배하는가?"

웨흘링____ 글쎄요, 그 질문에 대한 답은 당연히, 적어도 부분적으로는 엄격한 가정의 상호작용이나 자애로운 가정의 상호작용에 대한 우리의 경험에 놓여 있습니다. 사회적 지배와 사회적 감정이입의 신체적 토대가 엄격한 가정생활과 자애로운 가정생활에서 어떻게 나타나는가에 대해 얘기해볼까요.

먼저 엄격한 이상에 따라 살아가는 가정으로 시작하겠습니다. 아버지는 완전한 성인이고 자기 아내와 자녀들보다 일반적으로 힘이 더 셉니다. 따라서 아버지는 물리적으로 자신의 결정을 강제할 수 있죠.

레이코프____ 맞습니다. 아버지는 옳고 그름에 대한 결정을 내릴 수 있고, 행위 규칙을 정할 수 있으며, 필요하면 그러한 규칙을 물리적으로 강제할 수 있어요. 이는 엄격한 아버지 도덕성이 가정생활에서 펼쳐지는 방식 중 하나입니다. 그리고 아버지와 자녀들 사이이든 아버지와 어머니 사이이든, 엄격한 이상에 따라 살아가는 가정에서는 물리적

분쟁이 드물지 않습니다.

웨흘링　그리고 물리적 훈육을 계속 받은 자녀들은 물리적 지배가 도덕적 권위와 병행한다는 개념과 점점 친밀하게 되지요.

레이코프　물론입니다. 한편 자애로운 부모 가정에서는 자녀들이 감정이입적인 대우를 받음으로써 감정이입 행위를 배웁니다. 가정 단위의 도덕적 권위는 부모가 자녀들에게서 보고 싶은 행위의 모형을 만듭니다. 자애로움과 감정이입을 경험함으로써 자녀들은 다른 사람들의 감정 상태와 필요를 이해하기 시작하고, 다른 사람들에게 자애로운 방식으로 반응할 수 있습니다.

웨흘링　간단하게 말하자면, 엄격한 아버지의 자녀양육 목표는 자녀들을 강하고 굳세게 만드는 것인 반면, 자애로운 부모는 자녀들을 자애로운 양육자로 만들고자 애씁니다.

레이코프　그렇습니다. 이러한 도덕적 차이가 우리를 처음의 질문으로 돌아가게 합니다. "당신의 아기가 한밤중에 울 때 안아올리겠는가?"

우리는 하나의
가정 양육 모형에서만
성장하지 않는다

웨흘링   엄격한 아버지 도덕성과 자애로운 부모 도덕성은 사유의 아주 복잡한 모형이고, 이상적인 가정에 대한 우리의 개념화에 토대를 두고 있습니다. 그런데 제가 엄격한 아버지 가정에서 자랐다고 가정할 때, 제가 개념적으로 180도 회전하여 자애로운 부모 세계관의 측면에서 정치에 대해 생각할 수 있을까요?

레이코프   물론 그럴 수 있습니다. 당신이 엄격한 아버지 가정에서 자랐다고 해도 당신은 다른 가정, 예컨대 친구의 집에서 자애로운 부모 모형에 노출될 수 있죠.

웨흘링   이 두 가정 모형은 우리 문화 어디에서나 출현하니까요.

레이코프 ── 맞습니다. 우리는 실제 생활과 영화, 정치적 담화─마지막에 언급하지만 역시 중요한─에서 이 두 가정 모형을 봅니다. 우리는 일상적으로 이 두 모형에 노출되며, 따라서 이 두 모형과 친밀하죠. 이것이 바로 오리건주의 25세 환경운동가가 〈록키 1〉에서 〈록키 6〉까지의 영화를 본 후 이러한 영화들의 내용이 무엇인지를 이해하고, 이러한 영화들을 즐길 수 있는 이유입니다. 아마도 자애로운 부모 가치관의 측면에서 주로 자신의 삶을 살아가겠지만, 이 환경운동가는 엄격한 아버지 모형을 중심으로 펼쳐지는 서사 구조를 이해할 수 있습니다.

웨흘링 ── 만일 우리가 이 두 모형을 똑같이 잘 이해한다면, 이론적으로는 이 둘 중 어느 하나에 근거하여 정치적 결정을 내릴 수 있습니다. 그렇다면 둘 중 어느 모형이 궁극적으로 우리의 정책 태도를 이끌어야 한다고 누가 어떻게 결정하나요?

레이코프 ── 우리가 일상의 삶에서 가장 실천하는 모형, 즉 우리가 다른 사람들과의 상호작용의 판형으로 정기적으로 사용하는 모형이 보통 우리가 정치에 적용하는 모형일 것입니다. 우리가 이해할 수는 있으나 규칙적인 행위의 근거로 삼지 않는 다른 한 모형은 우리의 마음속에서 덜 현저하고, 따라서 정치적 쟁점과 관련해 우리의 의사 결정에 영향을 미칠 가능성은 더 낮을 것입니다.

이중개념 소유자들
자애로운 보수주의자와 엄격한 진보주의자

웨흘링   그렇지만 자신의 일상적 삶에서 규칙적으로 두 모형을 사용하는 많은 사람들이 있습니다. 미국인의 약 3분의 1이 그렇죠. 예컨대 대부분 도덕적으로 진보적인 민주당원들이 있지만, 그들은 삶의 어떤 영역에서는 엄격한 아버지 도덕성을 적용합니다.

레이코프   그렇습니다. 그러한 민주당원은 자애로운 부모 이상을 정치와 가정생활에 적용하지만, 자신의 직업 생활 그러니까 직업 경력의 맥락에서는 엄격한 아버지 이상에 의지할 수 있죠. 예컨대 경영자 지위의 여성은 흔히 자신의 자녀양육에서 자애로운 모형을 실행할 테지만, 자신의 직업적인 삶에서는 엄격한 모형에 의지할 수도 있습니다.

대체로 도덕적으로 보수적인 공화당원이지만, 삶의 어떤 영역에서는 자애로운 부모 도덕성을 적용하기도 합니다. 그들은 정치에서 전반적으로 엄격하지만, 자연을 사랑해서 환경 정책에 관해서는 자애로운 가치를 지지할 수도 있죠. 사람들이 서로를 보살피고 서로를 자상하게 배려하고 이웃에게 높은 정도의 감정이입을 보여주는 진보적 공동체에 사는 보수주의자들도 있고요. 마지막으로 몸과 마음의 건강에 관심을 갖는 보수주의자들의 수가 점차 증가하고 있습니다. 이 보수주의자들은 유기농 음식을 먹고 요가를 하며 자아발견 세미나에 가고 점심시간 중에 명상을 합니다. 이러한 사람들은 정치와 직업 생활에서 엄격하지만, 자신의 몸과 마음에 관한 한 자애로운 세계관을 지닐 수 있어요.

예, 그렇습니다. 아주 많은 사람들이 삶의 서로 다른 영역에서 두 모형을 지지합니다. 이 사람들은 두 세계관의 측면에서 사유하고, 삶을 살아가면서 이 두 세계관을 활발하게 적용할 수 있습니다.

웨홀링   그리고 이러한 '이중개념 소유자들'은 정치에 대해 사유할 때 둘 중 한 도덕 체계에 의지할 수 있죠. 이들은 둘 중 한 세계관을 정치에 (적어도 어느 정도는) 열린 마음으로 적용합니다. 그리고 이들이 궁극적으로 어떤 가치 체계를 사용하는가는 대체로 공적 담화를 지배하는 언어에 의존합니다.[27]

레이코프___ 정확히 그렇습니다. 그리고 이런 이유에서 당신은 자신의 가치 체계의 측면에서 이중개념 소유자들에게 말해야 합니다. 당신은 자신의 정치적 목표의 도덕적 전제에 대해 정직해야 하고, 이 전제에 따라 쟁점을 전달해야 합니다. 예컨대 미국의 진보주의자들은 정치적 쟁점을 논의할 때 자애로운 도덕적 세계관을 사용해야 합니다. 그렇지만 많은 진보주의자들이 적어도 미국에서는 언제나 이 기제를 이해하거나 아주 진지하게 수용하는 것은 아닙니다. 반면에 보수주의자들은 도덕적 의사소통의 중요성을 더 잘 의식하죠. 그리고 이는 단지 어제오늘 일이 아닙니다. 보수주의자들은 지난 30년, 정확히는 37년의 세월에 걸쳐 능숙하게 도덕적 의사소통을 해왔습니다.

웨흘링___ 37년 전에 무슨 일이 있었나요?

레이코프___ 도덕적 의사소통은 1980년 대통령 선거와 함께 시작되었습니다. 그해 선거에서 로널드 레이건(Ronald Reagan)은 지미 카터(Jimmy Carter)와 대결했죠. 이 선거는 보수적인 공적 담화의 역사에서 획기적인 이정표가 되었습니다.

2부

현실에서 정치적 가치들은
어떻게 드러날까?

5장

보수의 이야기가
더 끌리는 이유는?

정치적 선택을 활성화하는 말들

블루칼라가
보수를 지지하는 이유

__웨흘링__　1980년 로널드 레이건은 대통령 선거에서 지미 카터를 눌렀습니다. 그는 8년 동안 대통령직을 지켰죠. 레이건은 이해했지만 그의 민주당 경쟁자들은 정치에서 파악하지 못했던 것은 정확히 무엇이었나요?

__레이코프__　이 모든 일은 이렇게 발생했습니다. 선거운동을 위해 레이건은 자신의 주요 전략가로 리처드 위슬린(Richard Wirthlin)을 고용했습니다. 위슬린은 버클리대 경제학과를 졸업했으며 탁월한 여론조사 전문가라고 알려져 있었죠. 버클리대 경제학과 학생 시절에 위슬린은 사람들이 어떻게 의사 결정을 하는가에 대한 잘못된 가정을 배웠습니다. 오늘날까지도 여론조사 전문가들이 여전히 흔히 공유하는

이 가정은, 사람들이 후보자가 정치적 쟁점에 대해 보여주는 입장의 세부 사항에 근거하여 후보자에게 투표한다는 것이었습니다.

그래서 레이건에게 채용된 뒤 위슬린은 자기 후보의 지지율을 알아보기 위해 첫 번째 여론조사를 실시했습니다. 결과는 당황스러웠어요. 사람들은 레이건의 입장을 매우 싫어했지만, 여전히 그에게 투표하길 원했으니까요. 위슬린은 충격을 받았습니다. 그는 레이건의 책임전략가였지만, 사람들이 도대체 왜 레이건을 뽑으려 하는지 아무런 실마리도 얻지 못했죠! 그래서 그는 자신의 팀을 모아놓고 이렇게 말했습니다. "솔직히 말해서 저는 무슨 일이 일어나고 있는지 모르겠습니다. 하지만 걱정 마세요. 이를 밝혀낼 것입니다."

계속해서 그는 사람들이 레이건에 대해 어떻게 추론하는지를 분석했습니다. 이것이 바로 그가 발견했던 사실입니다. 사람들이 레이건에게 투표하고 싶은 이유는 그가 입장과 프로그램이 아니라 가치에 대해 말하기 때문이었죠. 레이건은 공개적으로 자신의 도덕적 관점을 밝혔습니다. 사람들은 이를 좋아했고, 그의 가치에 동질감을 느꼈습니다. 사람들은 레이건이 진실하고 믿을 만하다고 느꼈어요. 사람들은 그가 자신의 가치에 따라 행동할 의지가 있는 지도자로서 신뢰할 만하다고 믿었죠. 그래서 사람들은 단일 쟁점에 대해 그와 정치적 견해가 다름에도 그에게 투표하기를 원했습니다.

위슬린의 발견에 대한 설명을 들은 뒤, 레이건은 무엇을 했을까요? 그는 가치와 신뢰, 진정성, 정체성을 토대로 선거운동을 했습니다.

그리고 그는 자신의 가치를 잘 보여주는 일관된 정치적 태도로 얘기했죠. 그 이후로 보수주의자들은 이 선거운동 원칙에 매달렸습니다.

웨흘링   레이건은 사람들이 쟁점의 구체적인 세부 사항이 아니라 자신들의 가치에 근거해 투표한다는 사실을 이해했습니다. 그러나 이것이 이중개념주의와 무슨 관련이 있나요?

레이코프   하나의 예로 이른바 레이건 데모크랫(Reagan Democrats)을 살펴봅시다. 그들은 집에서는 엄격한 아버지이지만 노동조합에서는 자애로운 가치에 따라 살아가는 블루칼라들이었습니다. 그래서 레이건은 그들의 표를 얻기 위해 무엇을 했을까요? 그는 가정생활과 엄격한 아버지 가치의 측면에서 정치에 대해 얘기했습니다. 이것이 바로 레이건이 레이건 데모크랫과 같은 이중개념 소유자들로 하여금 자기에게 투표하도록 했던 방식입니다.

웨흘링   가정생활의 측면에서 정치적 쟁점에 대해 얘기하는 것이 무엇을 의미하는지를 밝혀주는 실례를 하나 들 수 있을까요?

레이코프   물론이죠. 국가 예산을 예로 들어볼게요. 가정에 근거한 주장은 이런 식으로 펼쳐질 것입니다. "자, 봅시다. 당신도 알다시피, 만일 당신 가정의 예산이 떨어져간다면, 당신은 소비를 멈춰야 합니다. 국가 예산도 마찬가지입니다. 바로 이러한 이유에서 우리는 사회보장 프로그램을 제거해야 합니다."

웨흘링___ 하지만 사회보장 프로그램의 제거는 블루칼라 노동자들의 정치적 이해와 결코 어울릴 수 없었습니다.

레이코프___ 그것이 바로 우리가 지금 얘기하고 있는 역설입니다. 조금 더 자세히 말해봅시다. 중서부 지역의 노동계층 가정의 아버지는 강한 사회적 기반 시설에 관심을 가집니다. 이 기반 시설 덕택에 자녀들이 대학 학위를 얻을 수 있으니까요. 당신은 이 남자에게 두 개의 정당 프로그램을 제시하면서 이렇게 묻습니다. "민주당 후보와 공화당 후보 중 누가 당신의 정치적 이익을 더 잘 대표할까요?" 이 남자는 "민주당 후보입니다"라고 대답할지도 모릅니다. 하지만 그는 선거일에는 공화당 후보에게 표를 던집니다. 이는 우리가 주로 물질적 사익의 측면이 아니라 도덕적 세계관과 가치의 측면에서 투표를 하는 경향이 있기 때문입니다.[28]

웨흘링___ 바로 이러한 이유로 가정에서 엄격한 가치 체계에 따라 사는 사람은 이 체계의 원리를 통해 자녀를 기르고, 일반적으로 엄격한 도덕성에 동질감을 느끼며, 자신의 경제적 이익에 반하여 보수적인 후보에게 투표하죠.

레이코프___ 우리는 언제나 이런 현상을 목격합니다. 이 점에 대해 생각해볼까요. 경제적으로나 사회적으로 취약한 수많은 사람들이 보수적으로 투표합니다. 가난한 사람들과 주변부의 사람들, 아픈 사람들, 교육을 거의 받지 못한 사람들이 보수적인 후보에게 투표를 하는 것입니다.

웨흘링___ 가난한 사람들이 복지제도의 혜택을 많이 받는데도 말이죠. 인종의 차원이든 성의 차원이든 성 평등의 차원이든 주변부의 사람들은 인종주의, 성차별주의, 동성애 혐오 등과 싸우는 정책의 혜택을 받을 것입니다. 병든 사람은 좋은 공공건강관리 체계의 혜택을, 교육적 배경이 전혀 없는 사람은 탄탄한 공립학교와 고등교육제도의 혜택을 받게 되죠.

레이코프___ 바로 그렇습니다. 하지만 이들 중 많은 사람들이 보수적으로 투표합니다. 그런데 이는 자신의 분명한 사익에 반하는 태도입니다.

정치적 중도는 없다

이중개념 소유자를 설득하라

웨흘링___ 이중개념 소유자와 정치적 중도의 차이는 무엇일까요?

레이코프___ 어떤 정치적 중도이죠?

웨흘링___ 무슨 말씀인가요?

레이코프___ 그러니까 제 말은, 정치적 중도는 결코 존재하지 않습니다.

웨흘링___ 하지만 정치 집단들은 중도의 표를 얻고자 애를 씁니다. 대부분이 동의하는 진영 전략 중 하나는 바로 이렇죠. '중앙으로 이동하라. 그러면 당신의 주요한 지지 기반 표와 좌우 진영 사이의 견해

를 지닌 사람들의 표를 모두 얻을 것이다.'

레이코프   글쎄요, 진보주의자들은 이 덫에 걸려듭니다. 반면 보수주의자들은 '중앙으로 이동하지' 않고, 지금까지 아주 멋지게 선거에서 승리를 거둬왔지요.

웨흘링   더 자세히 얘기해보죠. 정치적 중도가 무엇이 잘못인가요?

레이코프   정치적 중도는 은유입니다. 유권자 집단이 극우에서 극좌로 이어지는 일직선상에 있다는 사유에서 우리가 사용하는 심적 개념이죠.

　우리는 "당신은 정치적으로 어느 편에 서 있나요?"라든가 "젊은이로서 나는 점점 더 **왼쪽**으로 이동한다"라고 말합니다. 그리고 어떤 쟁점은 좌익의 쟁점이지만 다른 어떤 쟁점은 우익의 쟁점이라고 흔히들 생각합니다. 어떤 사람은 좌파 인사이고 다른 어떤 사람은 우파 인사입니다. 어떤 쟁점에는 사람들이 왼쪽으로 기울고 다른 어떤 쟁점에는 **오른쪽**으로 기웁니다. 이런 식입니다.

웨흘링   정확히 그렇습니다. 보수적인 정책에 동의하면 선생님은 정치적 스펙트럼의 더 **오른쪽**에 섭니다. 은유적으로 말하면 이는 사실입니다. 그리고 진보적인 정책을 지지하면 선생님은 더 왼쪽에 섭니다.

레이코프 이 은유적 사상은 흔히 이러한 오해를 불러일으킵니다. 당신이 좌파 정치인이고 지지 기반의 표보다 더 많은 표를 얻고자 한다면 오른쪽으로 이동해야 한다고요.

불행하게도 이는 유권자 집단에 대해 생각하는 좋은 방법이 아닙니다. 그리고 미국의 보수주의자들은 이 점을 명확히 파악하고 있습니다. 그들은 표를 얻기 위해 결코 왼쪽으로 이동하지 않습니다. 그들은 '중간에 있는' 사람들이 부분적으로 보수적인 세계관을 지지하는 이중개념적인 사람들이라는 사실을 이해하고 있죠.

웨흘링 보수주의자들은 자칭 무당파나 온건 진보, 중도파인 많은 사람들이 보수적인 세계관에 어느 정도 동의하고 보수적인 세계관을 공유한다는 사실을 아는 거군요. 그래서 보수주의자들의 목적은 유권자들의 마음속에서 보수적 세계관을 활성화하는 것입니다.

레이코프 정확한 이해입니다. 그래서 보수주의자들은 엄격한 도덕적 세계관의 관점에서 정치적 쟁점을 논의하며, 그렇게 유권자들의 마음속에서 보수적 세계관을 활성화합니다. 그들은 '가운데'에 있는 이중개념 소유자들에게도 자신의 지지 기반에게 말하는 것과 정확히 동일한 방식으로 말합니다. 이렇게 함으로써 보수주의자들은 그러한 유권자들의 마음속에서 보수적 세계관을 활성화하고, 그들에게 정치적 사유와 정치적 참여의 토대로 이 세계관을 사용하도록 유도합니다.

웨흘링　　그래서 보수주의자들은 자신의 도덕적 입장을 유지합니다. 반면에 미국의 진보적 담론은 강한 도덕적 입장을 유지하지 못하고 너무나도 멀리서 헤매고 있습니다.

레이코프　　대체적으로 그렇죠. 비록 버락 오바마(Barack Obama)가 2008년 선거에서 도덕적 프레임 형성을 탁월하게 잘했지만, 미국의 민주당원들은 자신의 도덕적 세계관을 충분히 장려하지 못합니다. 쟁점을 토의할 때 그들은 흔히 보수적인 언어와 그에 따른 보수적인 발상을 사용합니다! 이렇게 해서 그들은 사람들의 마음속에서 보수적인 세계관을 불러내고 강화하죠. 그들이 자신의 담론에 보수적인 가치를 병합할 때 널리 전파되는 것은 바로 이 보수적인 가치입니다.

웨흘링　　그 결과, 미국의 민주당원들은 자기도 모르는 가운데 보수주의자들이 정치적 힘을 얻고 선거에서 승리하도록 돕습니다.

레이코프　　그렇습니다. 이는 사람들이 사익이 아니라 가치에 투표하기 때문이에요. 진보주의자들이 무엇을 믿는가에 관계없이 말입니다.

유권자들은
과연 합리적인가

웨흘링 _____ 그래서 본질적으로 우리는 방금 합리적으로 자신의 사익을 추구하는 사람들의 능력을 부정했습니다.

레이코프 _____ 맞습니다. 하지만 실제로 삶의 여러 일을 '합리적으로' 추구하는 것에 대해 얘기하려면, 먼저 합리주의에 대해 논의할 필요가 있습니다. 합리주의는 정치에 엄청난 문제를 일으킵니다.

웨흘링 _____ 합리주의가 어떻게 정치에서 문제일 수 있지요? 합리주의는 민주적인 조직이 의지하는 바로 그 원리인데요.

레이코프 _____ 합리주의가 문제인 이유는, 합리주의가 신봉하는 주요 원리가 사실이라고 믿는 사람들이 여전히 많기 때문입니다.

이 나라에서 정치에 활발하게 참여하는 많은 사람들은 정치학이나 법학 같은 분야에서 학위를 받았죠. 이러한 분야에서는 정치제도와 법제도 같은 이 나라의 이상이 계몽주의에 근거한다고 계속해서 배웁니다.

웨흘링　계몽주의의 핵심적인 개념은 합리주의입니다. 즉, 모든 인간이 다 합리적인 존재라는 발상과, 우리를 다른 종(種)과 구별해주는 것은 바로 우리의 합리성이라는 발상입니다.

레이코프　그렇습니다. 이 발상에 따르면, 합리성과 이성은 인간 종의 본유적 속성이며 따라서 모든 인간은 다 합리적인 방식으로 사유하고 합리적인 결정을 내릴 수 있습니다. 이것이 바로 우리가 우리 자신을 지배해야 하는 이유이자, 무엇을 해야 하는지를 왕이나 교황에게 더 이상 묻지 않아야 하는 이유입니다.

웨흘링　좋습니다. 하지만 이제 우리는 사람들이 합리적인 존재라는 개념에 의문을 제기하고 있습니다.

레이코프　그렇게 하는 것이 더 낫습니다. 합리주의 이론은 인간의 사고에 대한 수많은 부정확한 가정을 함축합니다. 우리는 앞의 대화에서 이미 이러한 가정을 논의했어요. 바로 다음과 같은 오류였죠. 사고는 의식적이다. 사고는 축자적이며, 객관적으로 존재하는 세계 그대로를 반영한다. 그리고 사고는 보편적이며, 우리는 모두 동일하게 사유한다.

자, 그런데 인지과학 연구는 이 가정이 구시대적이라는 사실을 보여줬습니다. 사고가 대부분 무의식적이고,[29] 사고가 은유와 같은 심적 구조에 의존하며,[30] 사람들이 자신의 문화적인 경험과 개인적인 경험을 통해 마음속 인지적 틀에 근거해 서로 다르게 사유한다는 것을 보여줬죠.[31] 인간의 사유와 의사 결정에 대한 현대의 연구는 전통적인 합리주의의 핵심 개념과 충돌합니다. 그래서 합리주의는 신화라고 말할 수 있습니다.

'사실'보다
강한 '프레임'의 힘

웨흘링   사람들이 자동으로 합리주의 이론에 따라 사유한다고 가정하면 정치적 소통과 정치적 참여가 심각한 방해를 받을 수 있습니다. 합리주의가 득표에 대해 무엇을 함축하는지를 생각해보죠. 정치적 합리주의는 사람들이 자신의 사유 활동을 의식하고, 무엇이 자신에게 최선의 이익이 되는지를 합리적으로 결정할 것이며, 자신의 정치적 의사 결정의 근거가 무엇인지를 선생님에게 말해줄 수 있다고 가정합니다.

레이코프   정말 그렇습니다. 정치적 합리주의는 사람들이 당신에게 자신의 합리적 입장, 예컨대 과세에 대한 입장을 당연히 말할 수 있다고 가정합니다. 더욱이 당신은 선거 전 여론조사에서 누군가에게 당연히 "당신에게 가장 절박한 쟁점은 무엇인가요?"라고 물을 수 있습니다. 그리고 그 사람은 당신에게 당연히 말할 수 있습니다. 그래서 당신은 그러한 쟁점을 다 당신의 정치적 프로그램과 선거운동에 확실히 넣을 수 있지요.

그러면 합리적인 유권자는 당신에게 투표할 것입니다. 이는 당신이 그에게 가장 많은 이익이 되는 쟁점을 말하고 있기 때문입니다.

이 시나리오에는 사람들이 자신의 이익을 대변하는 정당을 지지하지 않는 데에는 오직 하나의 이유만이 있습니다. 바로 쟁점에 대한 정보가 없고 이 쟁점을 다루는 참다운 방법을 잘 모르기 때문입니다. 유권자 집단과 소통하는 최선의 방법은 그들에게 많고 많은 사실을 다 알려주는 것입니다.

<u>웨흘링</u>　그래서 합리주의 원칙에 의지하는 정치적 소통은 사람들이 사실에 토대를 두고 자신의 정치적 결정을 내린다고 가정한다는 점에서 '망상적'입니다.

<u>레이코프</u>　맞습니다. 그리고 미국의 진보주의자들은 보통 이러한 방식으로 활동하죠. 보수주의자들은 도덕성과 가치에 대해 많은 얘기를 하지만, 진보주의자들은 사실과 정치적 프로그램의 세부 사항에 대해 얘기하는 경향이 있습니다.

웨홀링　　선생님의 말씀을 듣고 있으면, 사실이 정치 참여에서 더 이상 쓸모없는 게 아닐까 하는 궁금증이 들 수도 있겠군요.

레이코프　　아닙니다. 절대 그렇지 않습니다. 그러나 사실의 처리는 사실에 의미를 부여하는 더 큰 인지 구조에 의존합니다. 사실은 '그 자체로' 의미를 지니지 않아요. 사실은 우리 마음속에서 더 큰 해석 판형과 통합할 때 의미를 갖게 됩니다. 그러한 판형을 '프레임'이라고 부릅니다.[32] 사실은 프레임 밖에서는 처리할 수 없죠. 그래서 만일 당신이 어떤 정치적 사실이 매우 중요하다는 것을 전달하고 싶다면, 가장 먼저 해야 할 일은 그러한 사실이 실제로 의미를 지니는 프레임을 당신이 사용하고 있는지 확인하는 것입니다.

웨홀링　　더욱이 상대편이 사용하는 프레임을 사람들의 마음속에서 절대로 불러내지 않도록 해야 하지요. 이는 그러한 프레임이 선생님이 중요하다고 간주하는 사실과 일치하지 않을 가능성이 가장 높기 때문입니다.

레이코프　　그래서 당신은 프레임을 세심하게 선택해야 합니다. 일단 누군가의 마음속에서 어떤 프레임이 활성화되면, 이 프레임과 일치하지 않는 사실이 먼저 무시당하기 때문입니다.[33]

　　그렇습니다. 사실이 어떻게 중요하지 않을 수 있겠어요? 특히 정치에서 말입니다.

웨흘링　 그러나 사실이 인지적 프레임과 맞지 않는다면, 많은 인지적 지배력을 만들어내지 못하지요.

레이코프　 설상가상으로 사실은 프레임을 두드러지게 하여, 듣는 사람의 관심을 전혀 받지 못할 수도 있습니다.

6장

보수의 말 vs 진보의 말

정치적 프레임을 만드는 전략

프레임을 강화하여
마음 움직이기

웨흘링____ 2006년 1월에 〈뉴욕타임스〉는 흥미로운 머리기사, "충격 소식! 당파적 사유는 무의식적이다!"를 게재했습니다.[34] 이 기사는 유권자들이 정치의 거짓말을 의식하는지를 검증한 한 연구 결과를 보도했죠. 절반은 공화당원이고 나머지 절반은 민주당원인 30명의 성인에게 조지 부시(George W. Bush)의 말과 존 케리(John Kerry)의 말을 들려줬는데, 이 두 정치인 모두 모순된 주장을 펼쳤습니다. 즉, 이들은 거짓말을 했어요. 실험 참가자들은 상대 진영의 후보가 모순된 주장을 펼치고 있다는 것을 즉각 알아차렸지만, 자신의 후보 역시 진실을 말하고 있지 않다는 사실은 의식하지 못했습니다!

레이코프____ 글쎄요, 〈뉴욕타임스〉가 2006년에 '충격 소식'이라고 이름

붙인 것은 다소 오래된 뉴스입니다. 사람들이 프레임을 통해 사유한 다는 사실을 알게 된 지 대략 40년이 됩니다. 우리가 생각을 조금이 라도 할 때면 언제나 우리의 뇌는 어떤 프레임을 활성화합니다. 프레임은 우리의 세계 지식을 구조화하고 정보로 의미를 구성하는 인지적 형상입니다.

우리가 언어에서 사용하는 프레임이 있듯이 우리의 사고를 구조화하는 깊숙이 뿌리박힌 인지 구조가 있습니다. 사람들은 그러한 프레임이 우리에게 '상식'이 되는 것—우리가 세계에 대해 사실이라고 믿는 것—을 분명히 규정한다고 생각할 수 있습니다.

이제, 세계에 대한 우리의 '상식적' 이해와 일치하지 않는 사실은 비유적으로 말하자면 깊숙이 자리 잡은 우리의 프레임을 두드러지게 합니다. 이러한 사실이 우리의 사유 속으로 들어오지 않는 이유는 세계에 대한 우리의 지각, 이 경우에는 정치 지도자나 후보에 대한 우리의 지각을 지배하는 프레임 속에 자리가 없기 때문입니다.

웨흘링___ 그래서 인간의 인지에 대한 이러한 사실을 고려할 때, 보고된 이 연구의 참여자들이 '자신의' 지도자가 거짓말하고 있다는 사실을 파악하지 못했다고 해도 전혀 놀라운 일이 아닙니다. 이 사실은 문제의 인물에 대한 그들의 일반적인 지각을 구조화하는 프레임 속에 단지 들어 있지 않을 뿐이죠.

이 점을 고려하면, 프레임이 세계에 대한 우리의 지각에 미치는 영향은 매우 놀라울 정도입니다. 그렇다면 우리는 프레임의 사용을 완전히 피하고 세계를 지각하는 '순전히' 더 합리적인 방식으로 되돌아갈 수는 없나요?

레이코프 ___ 그건 불가능합니다. 우리는 인지적 프레임 밖에서는 세계 내의 사물을 이해할 수 없고, 프레임 없이는 언어를 이해할 수 없습니다.

언어를 처리하기 위해 우리는 자동으로 프레임을 활성화합니다. 우리는 읽고 듣는 개념, 즉 행동이나 이미지 등을 신경적으로[35] 또한 심적으로[36] 모의실험하죠. 만일 제가 누군가에게 "존이 잔을 들고 물을 마셨다"라고 말한다면, 제 대화 상대는 어떤 프레임을 활성화하여 이 문장을 이해합니다. 이 프레임은 '한 잔의 물을 마시다'가 무엇을 의미하는지에 대한 수많은 추론을 포함합니다. 예컨대 이 프레임은 물 한 잔을 집어 들고 그 잔의 물을 마시는 데 필수적인 운동 이동의 모의실험을 심적으로 진행합니다. 만일 제 대화 상대가 이러한 것을 상상할 수 없다면, 이 문장은 그에게 아무런 의미를 지니지 않을 것입니다. 그래서 어떤 식으로든 유의미하게 사유하기 위해서는 주어진 행위들이 우리의 세상 지식 맥락에서 무엇을 의미하는가를 우리 자신에게 알려주는 프레임이 필요합니다.

웨흘링 ___ 인지과학은 은유와 같은 프레임이 우리 뇌의 구조에 토대를 두고 있고, 반복을 통해 강화된다고 주장합니다. 만일 선생님이 어떤 프레임에 대해 반복해서 듣는다면, 선생님의 뇌는 이 프레임을 마음 속에서 분명히 드러내고 강화하는 신경 회로를 계발합니다. 이 프레임은 활성화되는 빈도가 많아질수록, 시간이 흐르면서 그만큼 더 강화됩니다.

레이코프__ 또한 어떤 프레임이 더 강화될수록 그만큼 더 많이 당신 상식의 일부가 됩니다. 그리고 우리의 상식적인 프레임과 들어맞지 않는 사실은 보통 무시당할 것입니다.

웨흘링__ 이는 사실 그 자체로 인해 우리가 세계에 대해 사유하는 방식이 변화하지 않는다는 점을 의미합니다. 개념적 변화는 대안적 프레임의 활성화와 강화를 통해 일어나죠.

레이코프__ 맞습니다. '마음을 바꾸는 것'은 대안적 프레임, 예컨대 그렇지 않으면 여전히 무시당할 정치적 사실과 정보에 새로운 의미와 긴급성을 부여하는 그러한 프레임을 활성화하는 것을 뜻합니다.

　그리고 사람들은 사실을 완전히 상이한 방식으로 해석하는 상충적인 프레임을 통해 사유할 수 있습니다. 우리의 뇌에는 완전히 서로 충돌하는 프레임들이 있지만, 우리는 이 다양한 프레임을 통해 자연스럽게 사유할 수 있어요. 그렇지만 상충적인 두 프레임을 동시에 활성화할 수는 없습니다.

상충하는 프레임은
동시에 활성화할 수 없다

웨홀링_____ 동시에 적용 가능한 모든 프레임을 통해서 아이디어들을 평가해 가장 풍부한 이해와 결론을 이끌어내는 것은 왜 안 되나요?

레이코프_____ 그것은 상충적인 프레임을 동시에 활성화할 수 없기 때문입니다. 한 프레임이 당신의 마음속에서 활성화되면 대립하는 프레임의 활성화는 차단당하는데, 이를 '상호억제'라고 부릅니다.

　우리의 마음이 어떻게 상이한 프레임을 통해서 정보를 처리하는지를 알려주는 고전적인 한 실례를 살펴보겠습니다. 자, 보세요. 저는 연필과 종이를 들고 3차원의 정육면체를 그리고 있습니다. 먼저 사각형을 그리고, 그다음에 동일한 크기이지만 첫 번째 사각형보다 살짝 뒤에 위치한 또 다른 사각형을 그리고 있어요. 이제 이 두 사각형의 대응하는 모퉁이를 연결하는 네 개의 선을 그리고 있죠. 이런 모양입니다. 이제 우리는 투명한 3차원의 정육면체를 가지고 있어요. 이 정육면체를 바라볼 때, 당신은 두 가지 방식으로 지각할 수 있습니다. 즉, 이 두 사각형 중 어느 하나를 정육면체의 앞이라고 볼 수 있어요. 그래서 어느 사각형을 앞에 있다고 보는가에 따라 당신은 위로 향하는 정육면체를 보거나 아래로 향하는 정육면체를 보게 됩니다.

매혹적인 것은 우리가 상자, 즉 정육면체의 상이한 두 유형을 볼수 있고 이 둘 사이를 빠르게 이동할 수 있다는 점입니다. 그렇지만 우리는 결코 이 두 모습을 동시에 볼 수 없습니다. 우리의 뇌는 첫 번째 해석을 잠깐 '차단하고' 나서야 나머지 한 해석을 활성화하기 위해 에너지 흐름의 방향을 다시 정할 수 있으니까요.

이는 우리 마음속의 프레임이 우리가 무엇을 보는가를 어떻게 결정하는지와 우리가 세계를 어떻게 경험하는지를 보여주는 좋은 예입니다.

웨흘링___ 만일 선생님과 제가 이 정육면체를 지금 바라본다면, 선생님은 바로 서 있는 정육면체를 보지만 저는 누워 있는 정육면체를 볼지도 모릅니다.

레이코프___ 그렇다면 우리는 동일한 시각 정보를 처리하기 위해 상이한 프레임을 적용하고 있을 것입니다.

<u>웨흘링</u> 이는 네덜란드 화가 마우리츠 코르넬리스 에스허르(Maurits Cornelis Escher)의 〈불가능한 구성〉을 떠오르게 합니다. 에스허르는 얼핏 보면 규칙적인 건축 구조에 불과해 보이지만 다시 보면 (이 구조들의 조합의 일부 국면이 상충적이기 때문에) 구조적으로 불가능하다고 판명이 난 건물들을 그렸습니다. 에스허르의 그림 속에 묘사된 구성은 결코 완전히 이해할 수 없어요.

<u>레이코프</u> 정말로 그렇습니다. 관찰자는 끊임없이 프레임을 바꿔야 하죠. 이러한 유형의 '광학적 오해'는 많습니다. 그리고 사실상 이러한 광학적 오해는 단지 우리 뇌 속의 상호억제 기제의 산물입니다. 당신은 사람의 머리와 개를 묘사한 그림을 봤을지도 모르겠군요. 사람과 개라는 두 사물이 이 그림에 출현합니다. 그러나 이 시각 입력의 두 해석이 서로 충돌하기 때문에, 우리의 뇌는 시간상 어느 순간에나 둘 중 한 해석을 선택합니다. 우리는 이 두 해석 사이를 오갈 수 있습니다. 우리는 먼저 개를 보고, 그다음에 사람을 보고, 그다음에 다시 개를 볼지도 모릅니다. 그러나 우리는 결코 두 사물을 동시에 볼 수 없어요. 이는 인지적으로 불가능합니다. 우리의 뇌는 충돌하는 두 프레임 중에서 한 번에 하나만을 활성화할 수 있습니다.

당신이 조금 전에 제기했던 한 쟁점, 즉 프레임을 사용하지 않고서도 우리가 생각할 수 있는지의 문제로 되돌아가 보죠. 개를 눈으로 본 적도 없고 개에 대해 들어본 적도 없는 어떤 사람을 상상해봅

시다. 그 사람은 '개' 개념에 대한 시각 프레임이 없을 것이고, 따라서 이 그림에서 개를 지각할 수 없을 것입니다. 그러한 사람에게는 이 그림이 사람만을 묘사한 것입니다. 그 사람은 개를 떠올리기 위한 프레임이 없기 때문입니다.

웨홀링 우리는 마음속에 흔히 상충적인 상이한 프레임을 가지고 있습니다. 그래서 우리가 사실을 처리하는 방식은 어떤 주어진 순간에 우리의 마음속에서 어떤 프레임이 활성화되는가에 의존합니다. 만일 어떤 사실이 우리의 마음속에서 이미 활동하는 어떤 프레임과 어울린다거나 우리가 상식으로 지각하는 것의 일부라면, 우리는 이 사실을 쉽게 이해합니다. 만일 어떤 사실이 이미 활성화 중인 어떤 프레임과도 들어맞지 않고 우리 상식의 일부가 아니라면, 우리는 이 사실을 쉽게 이해하지 못할 것입니다.

레이코프 바로 그렇습니다. 그리고 만일 서로 엇갈리는 여러 프레임을 개발했다면, 당신은 한 프레임에서 다른 한 프레임으로 교체할 수 있으며, 첫 프레임을 통해서는 부적합해 보이던 사실이 교체 프레임에서는 아주 유의미하게 될 수 있습니다.

'자신의 도덕적 프레임'으로 대화하기

진보주의의 과제

<u>웨흘링</u>　　프레임의 부정에 대해 얘기해보죠. 다음 질문보다 이 주제를 파고드는 더 좋은 방식이 있을까요? 선생님의 책《코끼리는 생각하지 마(*Don't Think of an Elephant*)》의 이면에 있는 이야기는 무엇인가요?[37]

<u>레이코프</u>　　이 제목은 인지언어학 개론을 가르칠 때 제가 사용하는, 심리학에서 나온 고전적인 실례를 지칭합니다. 저는 지금까지 이 예를 20년 이상 사용해왔습니다. 이 예는 퇴색하지 않고 여전히 유효하죠. "조용히 해주세요, 학생 여러분. 저를 위해 여러분이 해야 할 일이 있습니다. 그러니 잘 들으세요." 저는 강의실이 조용해질 때까지 기다린 뒤 이렇게 말합니다. "좋습니다. 이제 시작합시다. 먼저 여러분은

저를 위해 다음 과제를 해보세요. 코끼리를 생각하지 마세요!"

물론, 제 학생들은 이 과제를 수행할 수 없습니다.

웨흘링 왜냐하면 선생님이 무엇을 생각하지 않아야 하는지를 파악하기 위해서는, 생각하지 않아야 할 그 무엇의 이미지를 먼저 활성화해야 하기 때문입니다. 그렇지 않으면 무엇을 생각하지 않아야 하는지를 모르니까요! 그래서 선생님은 부정되는 개념을 심적으로 모의실험합니다.[38] 그뿐 아니라 선생님은 이 개념을 신경적으로도 모의실험합니다.[39] 즉, 선생님의 뇌에서 이 개념을 구성하는 회로가 활성화를 시작합니다!

레이코프 그래서 제가 "코끼리를 생각하지 마세요"라고 말할 때, 학생들은 자신이 코끼리에 대해 알고 있는 모든 것을 다 망라하는 프레임을 자동으로 활성화합니다. 어떤 개념을 부정한다는 것은 그 개념을 활성화한다는 것을 의미하죠. 언제나 그렇습니다.

웨흘링 또한 부정되는 개념은 학습자의 마음속에서 강화됩니다. 어떤 프레임을 활성화하면 그 프레임이 강화되기 때문입니다. 이는 우리가 앞에서 논의했던 '헵의 학습' 기제입니다.

레이코프 정말로 그렇습니다. 그래서 만일 학생들에게 코끼리를 생각하지 않도록 하는 것이 실제로 제 의도라면, 코끼리를 생각하지 말라고 말하는 것은 본질적으로 "잘 들으세요! 여러분 모두 코끼리를 생각하기 바랍니다"라고 말하는 것만큼이나 나쁜 책략일 것입니다. 둘 중 어떤 방식으로 말하든, 학생들은 마음속으로 코끼리를 떠올릴 것이고, 코끼리에 대한 그들의 지식을 대표하는 프레임 회로가 강화될 테니까요.

웨흘링___ 달리 말하면, 만일 선생님이 "코끼리를 생각하지 마세요"라는 말로 학기의 각 수업을 시작한다면, 학생들은 마음속에서 이 프레임의 인지 근육을 자기도 모르게 강화할 것입니다.

레이코프___ 그렇습니다. 이제 저는 학생들이 코끼리를 계속 마음속으로 떠올리는지에 대해 실제로는 관심을 두지 않습니다. 아마도 학생들 역시 그럴 것입니다. 하지만 정치에 관해서 말하자면, 이는 완전히 다른 그림입니다. 정치에서는 사람들이 마음속에서 어떤 프레임을 불러내고 강화하는가의 문제가 아주 중요합니다.

웨흘링___ 잠깐만요. 정치 문제를 파고들기 전에 지금까지 논의했던 프레임 구성과 관련하여 가장 중요한 사실을 다시 한 번 살펴보죠. 모든 낱말은 프레임을 불러냅니다. 어떤 프레임을 부정하면 그 프레임은 활성화되죠. 어떤 프레임을 활성화하는 것은 그 프레임을 인지적으로나 신경적으로 강화하는 것을 의미합니다. 끊임없는 언어 반복을 통해 강화되는 프레임은 상식이 됩니다. 이는 그 프레임의 타당성에 더 이상 의문을 제기하지 않으며 그 프레임을 그냥 객관적으로 옳고 실재적이라고 수용한다는 것을 의미합니다. 이러한 모든 일은 대체로 무의식적으로 일어납니다. 더욱이 우리는 서로 충돌하는 여러 프레임을 통해 동시에 쟁점에 대해 생각할 수 없습니다. 사실이 우리가 주어진 어느 시점에 사용하고 있는 프레임과 들어맞지 않으면, 우리는 이 사실을 무시하게 됩니다.

레이코프___ 이러한 발견이 정치와 정치 담론에 적합하다는 것을 인식해야 합니다. 실제로 이것은 아무리 높이 평가해도 지나치지 않습니다! 예컨대 미국에서 보수주의자들은 공적 토론에서 자신의 프레임을 아주 잘 가동합니다. 반면에 진보주의자들은 자신의 세계관을 통해 선제적으로 쟁점의 프레임을 짜는 데 많이 뒤처져 있어요. 더욱이 진보주의자들은 보수주의자들이 사용하는 프레임을 자주 부정합니다. 그들은 보수적인 개념에 반대하는 주장을 펼치는 데 계속 사로잡혀 있죠. 그들에게는 제대로 작동하는 의사소통 기반 시설이 부족합니다. 이 기반 시설은 진보 집단들이 일상적으로 쟁점에 대해 충분히 도덕적인 프레임을 짜도록 보장해줍니다. 이러한 일과 관련해서는 정말로 보수주의자들이 훨씬 잘 조직화되어 있습니다.

웨흘링　　　물론입니다. 보수주의자들은 도덕적 소통의 중요성을 이해했고, 실제로 아주 능숙하게 도덕적으로 소통했습니다. 그들에게는 아주 탄탄한 의사소통 기반 시설이 있으며, 이로 인해 그들은 반드시 자신의 프레임을 가지고 나와 공적인 담론 속으로 집어넣습니다. 예컨대 폭스 텔레비전 뉴스를 생각해보세요. 미국의 많은 사람들은 이 채널을 시청하고 이 채널의 뉴스를 진지하게 받아들입니다. 그래서 폭스 텔레비전 뉴스에서 하는 말이 그다음에 더 온건한 공적인 토론에서 사용하는 프레임의 일반적인 어조를 정합니다. 보수주의자들은 자신의 가치를 통해 쟁점을 프레임에 넣는 경향이 있습니다.

레이코프　　　그렇습니다. 보수주의자들은 사람들에게 보수적 도덕성을 통해 쟁점에 대해 사유하도록 하고, 대중의 마음속에서 이 세계관을 강화합니다. 진보주의자들은 이런 식으로 활동하지 못합니다. 그들은 먼저 쟁점에 대한 자기 입장의 도덕적 토대를 이해하고 그다음에 그러한 토대를 분명하게 전달하는 데에 보수주의자들만큼 관심이 없습니다. 그들은 흔히 "사실이 우리를 자유롭게 하리라"라는 신조에 따라 활동합니다. 슬프게도 이 신조는 좋은 결과를 내지 못하죠.

웨흘링　　　이는 사실이 중요하지만 사실 자체에는 어떤 내재적인 도덕성이 없기 때문입니다. 사실 자체는 무엇이 옳은지 그른지, 무엇이 선한지 악한지를 말해주지 않습니다. 프레임이 바로 이 일을 하죠.

레이코프   정파가 쟁점에 대해 **사유**할 때 의존하는 도덕적 프레임이 사실에 의미를 부여합니다. 그리고 쟁점을 **전달**할 때에는 다시 이러한 프레임을 사용해야 합니다. 보수주의자들은 쟁점을 보수적 도덕성을 통해 해석하는 완전한 프레임 배터리를 지니고 있습니다. 그리고 진보주의자들이 그러한 보수적 배터리를 사용하는 한, 자신들의 도덕적 관심사는 사람들에게 제대로 전달되지 않을 것입니다. 또한 자신들이 정책 결정에서 아주 중요하다고 믿는 사실도 여전히 대중의 마음속에서 무시당할 것입니다. 진보주의자들은 쟁점을 자신의 도덕적 프레임에 넣는 일에 더 많은 초점을 둬야 하고, 사실만을 나열하는 일을 정말로 그만해야 합니다.

국가의 강탈인가,
공동 재산의 축적인가

세금 인상

웨흘링 ____ 자, 이제 정치적 토론에서 그러한 프레임 구성의 사례를 구체적으로 살펴보죠. 고전적인 실례인 '세금 구제' 어구를 예로 들어볼까요. 이는 엄격한 아버지 이상과 일치하는 프레임입니다.

레이코프 ____ 왜 그럴까요? 바로 이 프레임에서는 세금이 은유적으로 짐, 즉 당신이 벗어날 수 있는 짐입니다. 따라서 세금은 나쁜 것이죠. 보수주의자들의 눈에는 세금이 실제로 사람들에게 짐이며, 과세는 사람들의 자유를 제한하는 것입니다. '세금 구제'에 대해 말하는 것은 이 시각과 잘 어울립니다.

이 프레임 내에서는 세금 인상이 정의상 나쁜 것입니다. 세금 인상이 시민들에게 부담을 주고 해를 끼치기 때문입니다. 이와 반대로 세금 인하는 정의상 좋은 것이죠. 바로 우리에게서 부담을 덜어주기 때문입니다.

웨흘링 보수주의자들은 이 프레임을 사용할 때 진정성을 보여줍니다. 그들은 엄격한 아버지 도덕성에 따라 과세를 사실상 나쁘다고 간주합니다. 바로 세금이 경제적·사회적 경쟁을 방해하기 때문입니다.

레이코프 그렇습니다. 엄격한 아버지 세계관에서는 높은 세금이 자기 절제에 대한 비도덕적인 벌입니다. 그렇지만 '세금 구제' 프레임이 숨기는 것은 경제적으로 성공한 사람들이 주로 세금으로 지원한 공적 기반 시설 덕택에 성공을 거뒀다는 사실입니다.

웨흘링 자애로운 부모 도덕성에 어울리는 대안적 프레임은 어떤 모습일까요?

레이코프 글쎄요, 미국의 진보주의자들은 공동 재산의 관점에서 과세에 대해 얘기해야 합니다. 그들은 개인의 성공과 자유, 행복이 우리 모두가 함께 구축했고 현재도 유지하고 있는 공적인 기반 시설에 의존한다는 사실에 대해 얘기해야 해요.
    진보주의자들은 (기업을 운영하여 이익을 내기 위해) 이 기반 시설을 가장 많이 사용하는 사람들이 다른 사람들보다 더 많은 것을 우리 모두에게 돌려줘야 한다는 사실에 대해 얘기해야 합니다.

　진보주의자들은 또한 세금을 감당하는 일이 정부가 우리에게 이미 투자했던 것을 다시 돌려주는 것에 불과하다는 것을 부분적으로 의미한다는 사실에 대해서도 얘기해야 합니다. 일단 이 프레임이 자리를 잡으면, 문제는 이렇게 됩니다. '당신은 당신 몫을 갚으려 하는가, 아니면 무임승차를 시도하고 있는가?'

　이 유형의 도덕적 사유에서 나올 언어 프레임은 과세의 문제를 전적으로 다른 관점에서 정의할 것입니다!

프레임은
어떻게 만들어야 하는가
이민과 낙태

웨흘링___ 공적 담화에서 특정한 프레임을 사용함으로써, 우리는 어떤 주어진 쟁점이 무엇에 대한 것인지를 정의합니다. 구체적인 토론에 들어가기 훨씬 전에, 우리는 무엇을 토론할 것인지를 정합니다. 어떤 쟁점의 해결책과 사실, 세부 사항을 두고 다툼을 시작하기 오래전에 말입니다.

레이코프___ 그렇고말고요. 우리의 쟁점이 무엇인지를 정의하는 프레임이 있습니다. 이것은 이슈 정의 프레임입니다. 이 프레임은 우리가 무엇을 두고 토론을 벌이고 있는가를 분명히 정의합니다.

웨흘링___ 그리고 이슈 정의 프레임은 엄청나게 강력하죠. 이러한 프레임은 어떤 사실과 정보를 쟁점에 대해 논의하는 '구도'의 일부로 간주할 것인지, 어떤 사실과 정보를 각본에서 언급조차 하지 않을 것인지를 미리 정의함으로써 무대를 꾸밉니다.

<u>레이코프</u>　이슈 정의 프레임의 한 예로 이민을 살펴봅시다. 이민은 미국의 중요한 이슈입니다. 그리고 이 이슈를 프레임에 넣을 수 있는 방식은 두 가지입니다. 한 방식에서는 이 이슈를 '불법 이민'이라고 부를 수 있습니다. 그러면 이 이슈는 어떤 이민자가 미국에 불법으로 들어왔는가의 문제가 됩니다. 아니면 당신은 이 이슈를 '불법 고용'이라고 부를 수도 있습니다. 그러면 이 이슈는 불법 노동자에게 불법적인 일자리를 제공하여 엄청난 이익을 내고자 하는 미국 내 고용주가 책임질 문제가 됩니다.

또는 9·11 참사 이후 미국의 국내 감시 법률을 예로 들어봅시다. 이 법률을 처음 도입했을 때, 부시 행정부는 '테러 감시 프로그램(Terrorist Surveillance Program)'이라고 명명했습니다. 이 프레임이 자리를 잡았더라면, 이 법률에 반대하는 사람은 누구든지 테러 감시에 반대하는 사람이 되었을 것입니다. 이렇게 되면 이 프로그램에 어떤 반대도 표현하기 아주 어려워집니다.

글쎄요, 궁극적으로 널리 퍼져나갔던 이름은 '국내 감시 프로그램'이었는데, 이는 아주 다른 프레임이었습니다. 이 이름은 토론의 대상이 되는 이슈를 미국 시민의 자유와 사생활을 보호하는 문제로 정의했습니다.

웨흘링 ___ 낙태 토론에 관한 한, 미국의 진보주의자들은 이렇게 운이 좋지 않았습니다. 낙태 반대 주창자들은 보통 '생명 옹호' 운동가라고 불렸거든요.

레이코프 ___ 이 프레임은 보수적인 낙태 반대 주창자들에게서 나왔고, 그들의 도덕적 시각에서는 이것이 위대한 프레임입니다. 이 프레임이 우리의 사유에 제공하는 풍부한 추론 구조를 잠깐 생각해봅시다. 이 프레임이 낙태 금지에 반대하는 사람들을 정의하는 방식에 대해 생각해보세요. 그들은 '생명 반대론자'이거나 '살인 찬성론자'입니다.

웨흘링 ___ '생명 옹호' 프레임은 우리가 논의하고 있는 이슈를 정의합니다. 이는 이른바 '태어나지 않은 아이'를 살릴 것인가 죽일 것인가의 문제가 되죠.

레이코프 ___ 그렇지만 이것은 이 토론을 프레임에 넣는 수많은 방식 중 하나일 뿐입니다. 이 토론의 프레임을 짜는 또 하나의 아주 정당한 방식은 자신의 삶에 관한 결정을 내리는 여성의 자유에 대해 얘기하는 방식일 것입니다. 이 대안적 방식에서는 다음과 같이 묻습니다. "남성이나 정부에게 여성의 신체에 대한 결정을 내리도록 함으로써 억압으로부터 자유롭고 해로부터 보호받아야 할 여성의 기본적인 인권을 침해하는 것을 허용해야 하는가?"

후자의 프레임 구성, 즉 여성에 대한 기본적 인권 침해를 당면한 도덕적 딜레마로 부각하는 프레임 구성이 이슈의 핵심이 무엇인지를 진보적인 관점에서 더 효과적으로 더 정확하게 보여주는 방식일 것입니다. 그리고 이 프레임은 다시 진보주의자들이 적합하다고 믿는 사실에 의미와 긴급성을 부여할 것입니다.

무엇이 도덕적으로
옳은 정책인가
가치 강조하기

<u>웨흘링</u> 미국 대중의 상식은 지난 몇십 년에 걸쳐 상당히 우경화되었습니다. 우리의 조금 전 논의를 고려할 때, 진보주의자들은 우리가 직면한 쟁점의 진보적인 도덕적 프레임 구성을 통해 개념적 대안을 다시 정립하는 단 하나의 해결책이 있는 것으로 보입니다. 몇 개만을 나열해보면, 낙태나 경제, 복지, 과세의 쟁점에 대한 프레임 구성 말입니다.

<u>레이코프</u> 정확히 그렇습니다. 모든 정치적 논쟁은 도덕적 전제로 시작하고 다음 질문에 답해야 합니다. "이 이슈에서 무엇이 도덕적으로 옳은 정책 결정이고 무엇이 도덕적으로 그른 정책 결정인가?"

이슈에 대한 태도는 우리가 보유한 도덕적 입장을 상징합니다. 이

러한 태도는 사람의 도덕적 세계관의 결과물이며 따라서 그렇게 전달해야 합니다. 그렇지만 많은 사람들은 입장이 그 자체로 '가치'라고 믿습니다. 그들은 자신의 입장을 자신의 가치로 오해하죠.

웨흘링____ 맞습니다. 그것은 사실입니다. 정치에 관여하는 사람들에게 자신의 가치가 무엇인지 물으면 흔히 이렇게 대답합니다. "나의 가치는 환경보호와 공적인 건강관리, 사회적 평등입니다."

레이코프____ 글쎄요, 이러한 것은 가치가 아닙니다. 공통의 도덕적 토대를 공유하는 입장에 불과해요. 이러한 입장은 하나의 동일한 세계관에서 나옵니다. 이 경우에는 아마도 진보적인 자애로운 부모 세계관일 것입니다. 이 세계관의 핵심적 가치는 감정이입과 자애로움, 사회적 책임과 개인적 책임입니다.

만일 정치적 지지를 받고자 한다면, 가능한 한 명확하게 당신의 가치를 말해야 합니다. 당신의 가치가 바로 당신을 정치적 경쟁자와 구별해주기 때문입니다.

웨흘링____ 간단히 말해서, 사람들에게 선생님이 무엇을 할지를 말씀하시는 것만으로는 충분하지 않지요. 선생님이 왜 그 일을 하려고 하는가, 즉 선생님이 제안하는 그 조치가 왜 도덕적으로 필수적인 것인지를 말씀하셔야 합니다.

<u>레이코프</u> 일단 일상적으로 자신의 도덕적 세계관을 통해 쟁점을 논의하는 데 익숙해진다면, 진보주의자들은 훨씬 더 쉽게 일상의 쟁점과 선거운동을 위한 좋은 슬로건을 찾을 것입니다.

지금 당장은 보수적인 슬로건이 여전히 인지적으로 더 강력한 경향이 있습니다. 그러한 슬로건이 더 잘 먹히는 이유는 보수주의자들이 지금까지 수십 년 동안 의사소통의 기초 작업을 해왔기 때문입니다.

<u>웨흘링</u> 그들은 아주 그럴듯한 이야기를 담고 있는 공적인 도덕적 서사를 만들었습니다. 이 이야기에서는 보수주의자들이 선한 사람들이고 진보주의자들은 악한 사람들이죠.

<u>레이코프</u> 그렇습니다. 보수주의자들은 엄청나게 중요한 도덕적 프레임을 대중의 담론 속에 확실히 심어놓았습니다. 그러한 프레임은 사람들의 마음에 깊숙이 자리 잡은 인지적 판형이 되었어요. 이제 보수주의자들이 해야 할 남은 일의 전부는 그러한 거대한 도덕적 판형을 울리는 슬로건을 찾는 것입니다.

현재 많은 토론의 분위기를 주도하는 보수적인 상식을 진보적인 상식으로 대체할 방법은 오직 하나뿐입니다. 진보주의자들은 자신의 가치에 대해 더 많이 말하기 시작해야 합니다. 모든 쟁점을 아우르는 진보적인 가치를 오랜 기간 동안 말이에요.

웨흘링 ——— 그렇지만 자애로운 가치의 측면에서 시대의 정치적 쟁점을 토론함으로써 극보수주의자가 진보주의자로 바뀔 것이라고 기대하는 것은 거의 불가능한 일입니다.

레이코프 ——— 우리 모두가 엄격한 세계관과 자애로운 세계관을 둘 다 이해한다는 점을 명심하세요. 우리 중 일부는 정치를 비롯한 삶의 모든 영역에서 하나의 동일한 세계관을 사용하지만 그렇지 않은 사람들도 있습니다. 미국 유권자의 3분의 1에 이르는 사람들이 이중개념 소유자입니다.[40] 이들은 두 개의 가정 모형을 다 지지하며, 정치적 의사결정을 할 때 이 둘 중 어느 한 모형에 의지할 수 있습니다.

이중개념 소유자들은 열린 마음으로 둘 중 어느 도덕적 세계관에서나 상황을 바라볼 것입니다. 그래서 정치 지도자들이 이 유권자 집단과 소통할 때에는 자신의 가치에 대해 말하는 것이 정말로 중요합니다.

웨흘링 ——— 물론 이중개념 소유자들이 서로 충돌하는 이 두 도덕적 프레임을 동시에 적용할 수는 없을 것입니다. 하지만 상당히 열린 마음으로 둘 중 하나를 사용하지요.

레이코프 ——— 그렇습니다. 이중개념 소유자들은 공적 토론이 자신의 마음 속에서 더 강력하게 불러내는 세계관에 우선순위를 둘 것입니다.[41]

프레임은
선전 선동과 다르다

웨홀링 ──── 솔직히 말해서, 프레임 구성은 사람을 조작하는 방법, 즉 사람들의 사유와 의사 결정을 흐리게 하는 방법입니다. 인지과학 연구와 신경과학 연구를 이용한 현대적인 형식의 선전 선동이죠.

레이코프 아닙니다, 절대 그렇지 않아요. 우리는 모두 프레임을 통해 사유하고 말합니다. 매 순간의 의사소통에서 우리는 프레임을 사용해요. 우리의 의사소통 목적이 무엇이든 관계없이 그렇게 합니다. 그래서 만일 당신이 정치에 참여하고 당신의 목적이 정치적 이상과 계획을 정직하고 효과적으로 전달하는 것이라면, 올바른 프레임을 찾는 일에 투자해야 합니다!

웨흘링 ───── 하지만 선전 선동을 할 때에도 역시 목표를 겨냥하여 프레임을 만듭니다.

레이코프 ───── 물론 그렇죠! 그러나 선전 선동은 비민주적이며 사람을 조작하려 합니다. 지금까지 우리가 논의했던 내용을 떠올려보면 선전 선동이 왜 그렇게 효과적인지를 알 수 있습니다. 바로 사람들의 뇌를 바꾸기 때문이죠.

　정의에 따르면 선전 선동은 비민주적입니다. 하지만 서구 사회의 일반적인 공적 담론인 경우에는 그렇지 않습니다. 왜냐하면 서구 사회에서는 다수의 도덕적 세계관이 작동하고 있고, 사람들이 자신의 도덕성을 정직하게 드러내어 정치적 행동의 토대로 이용할 수 있도록 하려면 항상 올바른 프레임을 구성해야 하기 때문입니다.

웨흘링 ───── 그럼에도 불구하고, 선전 선동과 프레임 구성의 차이는 상당히 애매한 것으로 보입니다.

레이코프 ───── 꼭 그렇지는 않습니다. '세금 부담'의 완화에 대해 얘기할 때, 보수주의자들이 하는 일은 정직하게 자신의 관점을 기술하는 것뿐입니다. 그것은 선전 선동이나 여론 조작이 아닙니다. 우리는 그들이 세금에 대해 사유하는 방식을 좋아하지 않을지도 모릅니다. 하지만 이것이 그들이 문제라는 의미는 아닙니다.

<u>웨홀링</u>   문제는 어떤 정치적 집단은 자신의 도덕적 마음을 말하지만,
다른 정파는 자신의 도덕적 마음을 말하지 못한다는 것입니다.

<u>레이코프</u>   당신의 말이 전적으로 옳습니다.

7장

보수적인 신 vs 진보적인 신

종교 안에도 보수와 진보는 존재한다

은유로만 존재하는 신

전사들의 사령관이자 양 떼들의 목동

웨흘링____ 종교에서 동기를 부여받은 정치적 행위를 비롯한 자신들의 행동이 신성한 경전의 문구와 정확히 일치한다고 믿는 미국과 세계 곳곳의 종교적 집단이 있습니다. 이 허식은 성경과 같은 종교적 경전이 그 자체로 축자적인 의미를 지닌다고 암시합니다.

레이코프____ 종교적 경전은 결코 그렇지 않습니다. 한 가지는 아주 분명하죠. 우리가 신에 대해 은유를 통해 사유한다는 것 말입니다.[42] 어떤 신이든 신의 개념은 추상적입니다. 신성한 경전을 읽을 때마다 우리는 이를 해석합니다. 성경의 한 구절을 읽을 때, 우리는 이 구절을 이런저런 식으로 해석해야 합니다. 우리의 마음은 오직 은유적으로만 신을 이해합니다.

성경의 말씀을 글자 그대로 따르고 있다고 주장하는 사람들은 잘못 생각하고 있습니다. 의심할 바 없이 자신이 어떤 신성한 경전의 축자적인 말씀을 따르고 있다고 온 마음으로 믿는 사람들이 있지만, 이는 절대로 불가능합니다.

웨홀링   선생님은 신의 존재를 부인하시는 건가요?

레이코프   제가 왜 신의 존재를 부인하겠습니까?

웨홀링   선생님은 신이 은유로만 존재한다고 말씀하시고 있으니까요.

레이코프   은유와 진리에 대해 얘기해봅시다. 앞에서 우리는 국가 지위와 같은 추상적인 개념을 자연스럽게 세계에서 직접 경험할 수 있는 영역인 가정을 통해 사유하고 얘기한다는 사실에 대해 대화했습니다. 우리는 국가를 그 자체로 직접 만지거나 냄새 맡거나 맛보거나 볼 수 없습니다. 그래서 우리는 은유를 통해 국가에 대해 사유합니다. 그러나 이것이 국가 지위 개념이 자의적이어서 실재하지 않는다는 의미인가요? 실제로 국가와 같은 것은 전혀 없나요? 물론 국가는 존재합니다! 하지만 우연히도 우리의 뇌는 이렇게 돌아갑니다. 우리는 물리적으로 지각할 수 없는 대상에 대해 대부분 은유적 사상의 측면에서 사유합니다. 즉, 우리의 뇌는 자동적이고 무의식적으로 작동하죠.

우리가 은유를 통해 세계에서 많은 대상을 이해한다는 사실은 이러한 대상이 덜 실재적이라는 것을 의미하지는 않습니다.

웨흘링___ 그리고 이것은 신의 경우에도 마찬가지입니다. 신은 우리의 직접적인 지각 범위 밖에 존재하는 대상입니다. 우리의 개념 체계는 신을 주로 은유적 사상을 통해 인지합니다.

레이코프___ 몇 년 전 연합신학대학원(Graduate Theological Union)의 한 학생이 제게 와서 은유적 사고에 대한 제 강좌를 듣고 싶다고 요청했습니다. 저는 이렇게 말했어요. "물론 들을 수 있습니다. 그런데 왜 들으려 하죠?" 그는 이렇게 대답했습니다. "신은 말로 정의할 수 없습니다. 우리는 신을 은유를 통해서만 이해할 수 있죠. 저는 우리가 어떻게 그렇게 하는지 알고 싶습니다."

은유로 인해 신이 조금이라도 덜 실재적이 되거나 더 실재적이 되지는 않습니다. 이는 우리가 은유를 통해 국가에 대해 사유한다는 사실 때문에 국가가 덜 실재적이 되지 않는 것과 같습니다! 그러나 만일 우리가 이러한 은유를 글자 그대로 받아들인다면, 우리의 행동은 영향을 받을 수 있습니다.

웨흘링___ 신에 대한 은유는 많습니다. [신은 목동]이고 [우리는 그의 양 떼]라는 은유적 개념이 있죠. [신은 왕]이고 [우리는 그의 종]이라는 은유도 있습니다. 또한 [신은 교사]이고 [우리는 학생]이라는 은유도 있습니다.

레이코프　또 하나의 흔한 은유적 사상은 [신은 전쟁 사령관]이고 [신의 추종자는 전사]라는 것입니다. 이 은유는 인류의 역사에서 많은 고통을 초래했습니다. 그러나 우리가 신에 대해 사유할 때 불러들이는 가장 핵심적인 은유는 [신은 아버지]이고 [신자들은 그의 자녀]라는 것입니다.

웨흘링　《마태복음》은 이렇게 말합니다. "너희 아버지께서는 너희가 청하기도 전에 무엇이 필요한지 알고 계신다. 그러므로 너희는 이렇게 기도하라. 하늘에 계신 우리 아버지시여……."

레이코프　자, 봅시다! 이것은 [신은 아버지]의 고전적인 실례입니다. 이 사례는 여러 종교에서 사용하죠. 기독교와 이슬람교, 유대교는 모두 신성에 대한 핵심적인 개념화로서 이 사상을 공유합니다. 신을 아버지라고 말한다면, 우리는 그를 아버지라고 사유합니다. 그리고 종교에서 동기를 부여받은 우리의 정치적 행위뿐 아니라 일상생활의 행위도 이 사유와 어울릴 것입니다. 그래서 우리가 신을 부모 같은 인물이라고 사유한다면, 이러한 흥미로운 질문이 나오게 됩니다. "신은 어떤 유형의 부모인가?"

신은 엄격한 아버지인가,
자애로운 부모인가

웨흘링___ 많은 사람들은 종교를 도덕적 가치의 근원으로 여깁니다. 그들의 눈에는 종교가 무엇이 도덕적인 행위이고 무엇이 비도덕적인 행위인가를 정의하지요.

레이코프___ 많은 사람들이 종교를 도덕성의 근원으로 본다는 것은 사실입니다. 이것은 아주 흔한 가정이지만, 전적으로 옳지는 않습니다. 도덕성과 종교는 밀접하게 연결되어 있죠. 하지만 연결 방식은 우리의 흔한 가정과 다릅니다. 도덕성에 대한 우리의 감각은 종교로부터 직접 솟아나지 않으며, 이 도덕성 감각의 근원은 우리의 일반적인 인지 발달의 한 부분으로서 종교 밖에 있습니다.

우리는 가정에서든 사회에서든 우리의 세계 내 경험을 통해 도덕성에 대한 은유 체계를 습득합니다. 우리에게 무엇이 도덕적인 행위이고 무엇이 비도덕적인 행위인지를 말해주는 것은 종교 그 자체가 아니에요. 오히려 정반대입니다. 우리는 도덕성에 대한 우리의 사유를 종교와 종교적 경전에 사상합니다. 이는 중요한 사실입니다. 태초이래로 종교의 형성과 변화는 사람들의 도덕적 신념과 사유가 주도해왔습니다. 이러한 신념과 사유는 대체로 종교 밖에서 유래합니다.

웨흘링___ 그래서 종교적 가치는 우리가 도덕적 신념을 통해 주어진 종교를 해석할 때 발생합니다.

레이코프___ 그리고 옳음과 그름에 대한 서로 다른 신념을 보유하기 때문에, 우리는 서로 다른 무리의 종교적 가치를 보유합니다. 또한 그 가치가 우리의 종교적 사유와 행위를 안내할 것입니다. 하지만 우리는 얼마나 정확히 우리의 도덕적 신념을 종교에 사상할까요?

웨흘링___ 무엇보다도 어떤 종교에서나 우리는 신에 대한 은유를 선택해야 합니다.

레이코프___ 가장 흔한 은유는 〔신은 아버지〕 은유입니다. 그래서 당신이 이 은유를 사용한다고 가정해보죠. 당신은 신을 부모 같은 인물로 개념화합니다. 이제 당신은 신이 어떤 유형의 부모일지와, 신이 당신에게 어떤 행동을 장려하고자 하는지, 신이 어떻게 당신이 착한 아이가 되도록 가르칠 것인지를 판단해야 합니다.

웨흘링 _____ 간단히 말해서, 우리는 하늘에 계신 우리 아버지가 엄격한 아버지인지 자애로운 부모인지, 그리고 무엇이 그의 눈에 '선한' 행위로 보이고 무엇이 '악한' 행위로 보일지를 무의식적으로 판단해야 합니다.

레이코프 _____ 정말 그렇습니다. 자, 봅시다. 유대교 학교에 가서 율법을 배울 때, 당신은 축자적인 텍스트 그 자체만을 배우지 않습니다. 율법의 의미는 오직 해석의 맥락에서만 존재합니다. 그리고 그러한 해석은 모순적일 수 있습니다.

아브라함과 이삭 이야기

보수적 기독교와 진보적 기독교의 서로 다른 해석

웨흘링 ___ 선생님 말씀은 이것이 모든 종교 경전에 해당한다는 뜻입니다. 그러면 성경의 한 사례로는 무엇이 있을까요?

레이코프 ___ 단지 기독교인에게만 해당하지는 않는 구약성서의 한 이야기를 예로 들어보겠습니다. 바로 아브라함과 이삭의 이야기입니다. 저는 어렸을 때 학교에서 이 이야기를 배웠습니다.

웨흘링 ___ 이 이야기의 진행은 대략 이런 식입니다. 하느님이 아브라함에게 아들 이삭을 제물로 바치라고 요구합니다. 그런데 아브라함이 자기 아들인 이삭을 막 죽이려 할 때, 하느님이 천사를 보내 그에게 이삭 대신 양을 제물로 바치라고 말합니다.

<u>레이코프</u>　맞습니다. 그것이 서사의 핵심 구도입니다. 하지만 우리는 이 서사에 의미를 부여하기 위해 이 서사를 해석해야 합니다. 즉, 우리는 기술되는 행위 너머의 이야기를 이해해야 합니다.

<u>웨흘링</u>　바로 그렇습니다. 그래서 선생님이 어렸을 때 학교에서 배웠던 이야기는 어땠나요?

<u>레이코프</u>　당시 제가 학교에서 배웠던 해석은 이렇습니다. 하느님은 아브라함에게 아들 이삭을 제물로 바치라고 말했지만, 아브라함이 실제로 자기 아들을 죽일 것이라고 기대하지 않았습니다. 하느님은 단지 아브라함을 시험하고 있었죠. 하느님은 아브라함이 선한 유대인이 되는 법을 알고 있는지를 확인하고 싶었습니다. 그리고 선한 유대인으로서 아브라함은 이렇게 대답했어야 합니다. "절대로 안 됩니다. 저는 제 아들을 죽이지 않을 겁니다! 제 신념이 제게 그렇게 하지 말라고 합니다."

　하지만 아브라함은 잘못 판단했습니다. 그는 실제로 자기 아들을 죽이려 했죠. 그래서 하늘에 계신 하느님이 이렇게 말씀하셨습니다. "잠깐만 기다려라, 실제로 죽이라는 것은 아니다……! 맙소사! 너는 무엇을 하려고 하느냐? 선한 아버지는 자신의 아들을 죽이지 않는다!" 그리고 아브라함이 그렇게 하지 못하도록 하기 위해 하느님은 급히 천사를 보내 아브라함에게 이렇게 말해야 했습니다. "멈춰라,

어리석은 자여! 그것은 선한 유대인이 해야 할 일이 아니다! 너는 완전히 잘못 판단했다! 대신 양을 죽여라!"

웨흘링 제가 독일 초등학교에서 배웠던 이야기는 이와 다릅니다. 저는 하느님의 말씀이 하느님의 실제 의도였다고 배웠습니다. 하느님은 아브라함에게 자기 아들을 제물로 바치라고 명령했습니다. 아브라함이 자신에게 순종할 것인지를 확인하고 싶었기 때문이에요. 이는 하느님에 대한 아브라함의 믿음을 시험하는 것이었습니다. 만일 아브라함이 선한 유대인이라면, 하느님의 말씀이 무엇이든 순종할 것입니다. 아브라함은 무엇을 행해야 옳은 일일지를 하느님이 가장 잘 아신다고 믿으려 했습니다.

레이코프 그리고 아브라함은 하느님을 아주 많이 사랑했기 때문에, 하느님의 말씀을 지키려는 그의 소망은 이삭에 대한 자신의 사랑보다 더 강했습니다. 따라서 그는 하느님을 위해 자기 아들을 기꺼이 제물로 바치려 했습니다. 그가 막 그렇게 하려 했을 때, 하느님은 아브라함이 자신의 권위에 완전히 순종할 것이라는 증거를 보았죠. 심지어 자기 아들을 죽이는 희생을 감수해야 하더라도 말입니다. 그래서 하느님은 아브라함의 충성과 순종에 보답하기 위해, 급히 천사를 보내 이렇게 말하게 했습니다. "아브라함아, 복음이다! 너는 하느님의 말씀을 의심하지 않고 기꺼이 지키려 하는 선한 유대인이라는 것을 하느님께 입증했다. 그에 대한 보상으로 너는 네 아들 이삭을 지킬 수 있다. 이삭 대신에 양을 죽여라."

그런데 이 두 이야기에는 공통점이 있습니다. 바로 결국 양이 해를 입게 된다는 것입니다.

웨흘링___ 이 두 이야기는 왜 아브라함이 선한 유대인인가라는 질문에 두 개의 상이한 답을 제공합니다. 첫 번째 자애로운 부모 유형으로 해석하면 신은 아브라함의 도덕적 잣대, 즉 도덕적으로 올바른 결정을 내릴 수 있는 능력을 시험하고 있습니다.

레이코프___ 바로 그렇습니다. 그리고 아브라함이 하느님의 괴상한 요구에 대응하는 유일한 올바른 길은 자기 아들을 죽이기를 거부하는 것입니다. 어떤 상황에서도 그의 결정은 자기 아들을 죽이지 않는 것이어야 합니다. 설령 하느님을 화나게 하더라도 말이죠. 그는 하느님의 말씀을 맹목적으로 따르지 않아야 합니다. 그는 하느님의 명령이 정당하지 않다는 사실을 파악해야 합니다.

웨흘링___ 두 번째 엄격한 아버지 유형으로 해석하면 하느님은 아브라함에게 절대적인 순종을 기대합니다.

레이코프___ 그렇습니다. 하느님은 아브라함에게 자기 말에 의문을 제기하지 않기를 기대합니다. "아버지가 가장 잘 아신다!" 아브라함이 하느님의 요구에 대응하는 옳은 길은 딱 하나입니다. 하느님이 원하신다면 자기 아들인 이삭을 기꺼이 죽이는 것이죠. 그리고 아브라함은 명령을 받은 그대로 정확히 실행하려고 했기 때문에 보상을 받았습니다.

웨홀링 핵심은 이렇습니다. 아브라함과 이삭의 이야기에는 도덕이 전혀 없다! 어쨌든 도덕 그 자체는 하나도 없습니다. 이 이야기의 도덕은 선생님이 이 구도를 해석하기 위해 어느 세계관을 사용하는가에 의존합니다. 그렇다면 마찬가지로 성경은 미국의 보수적 기독교와 진보적 기독교에 대해서도 상이한 도덕을 지니고 있어야 합니다.

레이코프 정말 그렇습니다. 보수적인 기독교인들은 하느님을 엄격한 아버지로 개념화하는 반면 진보적인 사람들은 하느님을 자애로운 부모로 인식하는 경향이 있습니다.

엄격한 신을 따르는 정치 vs
자애로운 신을 따르는 정치

웨흘링   미국의 국기에 대한 맹세 중에는 이런 문장이 있습니다. "하느님의 가호 아래 단일 국가로서 분리될 수 없으며 국민 모두에게 자유와 정의를 주는 공화국에 대한 충성도 아울러 맹세합니다." 글쎄요, 우리는 방금 미국이 실제로 두 신의 지배를 받는 나라라는 점을 분명히 밝혔습니다. 보수적인 대통령이 "신이여, 아메리카를 축복하소서"라는 말로 불러내는 신에 대해 얘기해볼까요.

레이코프   엄격한 아버지 신은 매우 엄격한 상벌 체계를 지닙니다. 만일 당신이 신에게 순종한다면 당신은 천국에 갈 것이며, 그러지 않는다면 당신은 지옥에 갈 것입니다. 벌의 위협 때문에 당신은 신의 규칙을 지키겠지요.

여기서 핵심 주제는 신의 절대 권위입니다. 신의 엄격한 규칙을 따르는 사람들은 선한 기독교인이고, 자신의 내적인 악을 이기고 자기 절제를 학습한 사람들입니다.

웨흘링   그리고 신은 절대로 사람들을 쉽게 구원하지 않습니다. 만일 신이 그렇게 한다면, 우리는 도덕적으로 강하고 절제를 쌓게 될 어떤 동인도 없을 것입니다.

레이코프   바로 그렇습니다. 우리는 그냥 비도덕성에 굴복할 것입니다. 우리의 본성은 나약하기 때문이죠. 따라서 우리는 구원의 자격을 얻기 위해 노력해야 합니다.

웨흘링   만일 우리가 신을 자애로운 부모 같은 인물로 본다면 어떻게 될까요?

레이코프   자애로운 신은 우리에게 은총을 베풉니다. 신의 은총은 은유적으로 자애로움으로 해석됩니다. 신은 우리를 지켜주고 우리를 보살핍니다. 우리는 신의 은총과 자애로움, 보살핌을 얻으려 애쓸 필요가 없으며, 신은 그러한 것들을 무조건적으로 줍니다.

우리가 다른 사람을 보살필 때 신은 즐거워합니다. 우리는 다른 사람들을 도와야 합니다. 신이 우리에게 도움을 주는 것처럼 말이죠.

우리는 다른 사람들을 자애롭게 보살펴야 합니다. 신이 우리를 자애롭게 보살피는 것처럼 말이죠.

예수는 기독교에 대한 이 진보적인 해석에서 중요한 역할을 맡았습니다. 예수는 하느님이 우리에게 기대하는 것이 무엇인지를 직접 보여줬던 사람입니다. 그리고 예수의 삶을 본받으며 살아갈수록 우리는 하느님에게 더 가까이 갈 수 있습니다.

웨흘링 더욱이 예수는 다음과 같은 말로 우리에게 관용을 실천하는 방법을 가르쳐줬습니다. "남을 심판하지 마라. 그래야 너희도 심판받지 않는다."

레이코프 그래서 우리는 공정해야 합니다. "너희 가운데 죄 없는 자가 먼저 돌을 던져라." 우리는 폭력적이지 않아야 합니다. "다른 뺨마저 돌려 대주어라." 우리는 다른 사람들을 지배하려 하지 않아야 합니다. "행복하여라, 온유한 사람들! 그들은 땅을 차지할 것이다."

웨흘링 그래서 우리는 다른 사람들을 도와야 합니다. 특히 우리의 긴급한 도움을 필요로 하는 병약한 사람들, 곤궁한 사람들, 가난한 사람들에게 도움을 주어야 하지요.

그렇지만 만일 우리가 예수를 본받지 않는다면, 하느님은 자신의 엄격한 얼굴을 보여주며 우리를 영원토록 지옥으로 보낼 것입니다.

<u>레이코프</u>　글쎄요, 천국과 지옥의 개념은 기독교에 대한 자애로운 해석에서 덜 핵심적입니다. 오히려 용서와 배상의 개념이 더 많은 초점을 받지요. 만일 다른 사람들을 보살피지 않거나 그들에게 해를 끼쳐 하느님의 도덕적 길에서 벗어난다면, 우리는 죄를 범하고 하느님은 실망합니다. 그러나 자애로운 유형의 하느님은 자비로우며, 우리를 용서합니다. 그리고 우리는 다시 다른 사람들에게 용서를 베풀어야 합니다. "……저희에게 잘못한 이를 저희가 용서하오니 저희 죄를 용서하시고……."

<u>웨흘링</u>　궁금하군요. 종교에서 동기를 받은 정치가 엄격한 도덕성이나 자애로운 도덕성과 같은 도덕적 판형으로부터 독립적일 수는 없을까요? 어떤 편견도 없이 독립적이고 도덕성과 무관한 방식으로 종교를 정치에 적용할 수 있는 방법은 실제로 전혀 없나요?

<u>레이코프</u>　도덕적 편향성이 전혀 없는 종교적 정치에 대해 묻는 건가요? 글쎄요, 그러한 정치는 가능하지 않습니다. 중립적인 종교는 결코 없기 때문입니다. 종교는 도덕적 해석에 의존합니다. 성경은 그 자체로는 우리에게 무엇이 신의 이름으로 도덕적 정치가 될 것인지에 대해 어떤 실마리도 제공하지 않습니다. 우리가 종교의 이름 아래에서 도덕적 정치에 대한 지침을 얻는 것은 성경을 엄격한 렌즈나 자애로운 렌즈를 통해서 해석할 때에만 가능합니다.

누가 선한
기독교인일까

__웨홀링__ 많은 사람들은 여전히 종교가 신성한 경전이 기록해놓은 하나의 객관적인 도덕을 가지고 있다고 가정합니다. 이렇게 믿는 사람들에게는 경전을 가장 충실하게 따르는 이가 해당 종교의 '가장 충직한' 신도이며 신의 총아입니다.

달리 말해, 만일 도덕성이 종교로부터 발생한다고 가정하면, 선생님이 도덕적인지의 문제는 선생님이 **종교적인지**의 문제가 됩니다. 도덕성이 종교로부터 발생하며 따라서 모든 종교 경전이 오직 하나의 객관적으로 올바른 도덕성을 담고 있다고 가정하면, 이 경전을 가장 충실하게 지키는 사람들이 도덕적 우위를 주장할 수 있습니다.

__레이코프__ 이 경우에는 당신의 정치가 성경을 더 충실히 따를수록 당신

은 객관적으로나 도덕적으로 더 '올바릅니다'. 예컨대 미국의 근본주의 기독교인은 자신들을 더 나은 기독교인이 아니라 유일한 참된 기독교인이라고 생각합니다.

웨흘링 왜냐하면 그들은 성경에 객관적인 해석이 있다고 믿기 때문입니다. 그들은 하느님에 대한 자신의 해석이 기독교를 이해하는 가능한 방식 중 단지 하나일 뿐이라는 사실을 인식하지 못합니다.

레이코프 그리고 이렇게 되는 이유는 근본주의 기독교인들이 엄격한 도덕성을 자신의 종교에 사상하기 때문입니다. 엄격한 아버지의 렌즈를 종교에 적용하는 사람들은 자신이 신봉하는 경전을 다른 방식으로 해석할 수 있다는 사실을 인식하지 못합니다. 그 이유는 아주 간단명료합니다. 엄격한 해석에 따르면, 당신은 하느님의 말씀을 정확하게 따라야 하기 때문입니다. 하느님은 의문을 제기할 수 없는 정당한 도덕적 권위입니다. 하느님이 어떤 규칙을 제시했다면 우리는 그 규칙을 지킬 때에만 천국에 갈 수 있습니다. 도덕적으로 행동하는 유일한 길은 하느님이 정한 그대로 정확하게 행동하는 것입니다.

웨흘링 그리고 이 동일시가 작동하기 위해서는 우리에게 행동하는 방식을 구체적으로 말해주는 규칙이 하느님으로부터 직접 나와야 합니다. 하느님의 규칙은 논의의 대상일 수 없습니다. 이는 엄격한 아버지의 규칙이 논의의 대상일 수 없는 것과 마찬가지입니다.

레이코프 정말 그렇습니다. 하느님의 규칙은 신도들이 상이하게 해석하는 대상일 수 없습니다. 이는 엄격한 아버지의 규칙이 자녀들이 상이하게 해석하는 대상일 수 없는 것과 마찬가지입니다. 그렇지 않으면 어떻게 올바른 행동을 지속할 수 있으며, 어떤 행동을 벌해야 하고 어떤 행동을 보상해야 하는지를 우리가 어떻게 알 수 있을까요?

웨홀링 하느님의 말씀은 그냥 이 체계가 작동하기 위해서 객관적이어야 합니다. 엄격한 가정에서는 아버지의 말씀을 따르고, 그 말씀이 의미하는 바를 절대로 자기 마음대로 해석하지 못합니다. 바로 이런 이유에서 종교에 대한 순수하게 엄격한 해석은 신도들이 경전을 해석할 수도 있다는 개념과 화해할 수 없습니다.

이는 다음을 암시합니다. 만일 어떤 국가 전체가 엄격한 하느님의 말씀을 따른다면, 가장 '근본주의적인' 사람들이 선한 사람들일 것입니다. 그들은 하느님의 말씀을 정확히 준수하기 때문이지요.

레이코프 하지만 만일 그 국가 전체가 자애로운 하느님의 인도를 따른다면, 상황은 달라집니다. 이 시나리오에서는 다른 사람을 보살피고 그들에게 감정이입을 하며 그들을 자애롭게 돌보는 사람들이 더 선한 기독교인들입니다.

"세상을 바꾸고 싶다면, 당신 자신부터 변하라"

웨흘링 ___ 그리고 이 '더 선한 기독교인들'에는 다른 종교 집단이나 지향을 관용하는 사람도 들어갈 것입니다.

레이코프 ___ 물론 그렇습니다.

웨흘링 ___ 그러나 다른 종교 집단을 관용하는 것은 흔히 세속적인 가치로 보며, 종교적인 가치로 보지 않습니다.

레이코프 ___ 이것은 당신이 자신의 종교에 대한 엄격한 해석을 수정할 때에만 가능합니다. 엄격한 아버지 종교에는 인류보다 우월한 오직 하나의 합법적인 도덕적 권위, 즉 당신 자신의 하느님만이 존재할 수 있기 때문이죠. 다른 종교를 수용하는 순간, 당신은 하느님의 절대적 권위는 물론 하느님의 통치와 계명의 타당성에 문제를 제기하게 됩니다. 그래서 당신은 다른 종교에 대항해 자신의 종교를 장려하고 지켜야 합니다. 이러한 인식은 중동 지역의 회교도들과 미국의 근본주의 기독교인들, 이스라엘의 극단적인 정통파 유대인들이 공유합니다.

엄격한 종교의 눈에는 다른 종교에 관용적인 태도를 지니는 사람들은 누구든지 하느님의 합법적인 권위에 의문을 제기함으로써 근본적인 종교적 가치를 위반하고 있습니다.

웨홀링＿＿ 이것은 중요한 관찰입니다. 자애로운 종교는 흔히 이 근본주의 프레임을 수정하는 실수를 범하기 때문이지요. 자애로운 종교관을 공유하는 사람들—이들 중 많은 사람이 진보적인 세계관을 공유하죠—은 자신의 종교적 신념이 세속적이라 낙인찍혀 비난을 받을 때에도 그냥 지켜봅니다.

레이코프＿＿ 그러나 자애로운 종교의 관용도 엄격한 종교의 불관용과 똑같이 충직하며 하느님을 섬깁니다. 다른 종교에게 관용을 보여주는 것은 세속적인 가치가 아니라 종교적인 가치입니다.

진보적인 종교에서는 다른 사람들과 그들의 신념을 관용하는 것은 하느님의 말씀을 따르는 일입니다. 반면에 다른 사람들을 관용하지 않는 것은 하느님의 의지에 반하는 행동이죠.

웨흘링　진보적인 종교 집단은 자신들의 종교를 포기하지도 않고, 자신들의 도덕적 핵심을 느슨하게 하지도 않습니다. 다만 관용을 보여줌으로써 하느님이 자신들에게 기대하는 바를 정확하게 행하고 있지요!

레이코프　당신 말이 옳습니다. 예컨대 진보적인 기독교인들은 단지 예수가 자신들에게 정해준 기준에 따라 살려고 노력합니다. 폭력을 행사하지 마라, 용서를 베풀어라, 아픈 사람들과 가난한 사람들을 도와라, 다른 사람을 지배하려 하지 마라, 너의 신념과 의지를 다른 사람들에게 강제로 주입하지 마라 등의 기준을 지키려 애씁니다. 이는 바로 모든 사람들이 이러한 기준에 따라 행동해야 한다는 발상입니다. 그래서 이러한 기준을 완전히 달성한다면, 세계는 지배와 불관용은 물론 폭력과 응징, 증오, 질병, 가난, 절망으로부터 자유로울 것입니다.

웨흘링　하지만 바로 이 지점에서 상황은 복잡해집니다. 우리가 자애로운 종교적 가치에 따라 산다고 가정해볼까요. 엄격한 종교적 가치를 지지하는 사람들은 언제나 있습니다. 그들은 다른 사람들에게 관용을 보여주지 않을 것이고 심지어는 다른 이들과 싸울 것입니다. 저는 이렇게 자문하지 않을 수 없군요. 관용이 결과적으로 엄격한 이상을 지지하는 사람들의 사회적·정치적 지배로 이어진다면, 왜 예수가 우리에게 가르쳤던 도덕적 기준에 따라 살아야 할까요?

레이코프 ___ 마하트마 간디는 이 의문에 대해 하나의 답을 줬습니다. "세상을 바꾸고 싶다면, 당신 자신부터 변하라."

웨흘링 ___ 이제 우리는 정치로 다시 돌아왔군요.

레이코프 ___ 정말 그러네요, 그것도 단순한 이유 때문에. 간디에게는 진보적인 종교와 진보적인 정치 모두 하나의 동일한 도덕적 세계관, 즉 자애로운 부모 모형으로부터 나오는 것입니다.

8장

정치는 아직
누구의 것도 아니다

원하는 가치를 전달하기 위해 필요한 것

보수의 '자유'와
진보의 '자유'

<u>웨흘링</u>　'자유의 이름으로'는 미국 정치의 가장 중요한 교리입니다. 그런데 때로는 이상과 행위 사이에 상당한 마찰이 있는 것으로 보입니다. 예컨대 조지 W. 부시가 임기 중에 취했던 입장을 살펴보겠습니다. 부시는 '작전명 이라크 자유'로 미국이 이라크를 공격하도록 했습니다. 그는 자유의 이름으로 시민들을 광범위하게 감시했죠. 그리고 그는 가난한 사람들의 자유를 신장한다는 이름으로 사회보장 프로그램을 축소했습니다. 어떤 사람들은 부시의 대통령 재임 중에 미국이 '자유'라는 낱말의 의미를 잊어버렸음에 틀림없다고 말합니다.

<u>레이코프</u>　그렇지는 않습니다. 조지 W. 부시는 자유의 개념이 (자신에게) 무엇을 의미하는지를 정확히 알고 있었습니다. 그는 자유의 이름

으로 이라크를 공격했고, 자신이 말하고 있는 바를 온 마음으로 믿었습니다. 그는 자유의 이름으로 사람들을 감시했고, 그 사람들의 자유를 보호하기 위해 이러한 조치를 취해야 한다고 진정으로 믿었죠! 단지 그는 자유에 대해 어떤 사과도 하지 않는 엄격하고 보수적인 해석을 보유했을 뿐입니다.

보수주의자들이 자신의 정책에 대한 불유쾌하거나 불편한 진실을 덮기 위해 단순히 '자유'나 '공정성' 같은 낱말을 잘못 사용하고 있다고 생각하는 것은 미국 진보주의자들의 커다란 실수입니다. 이는 순진하고 심지어는 위험한 생각이에요. 부시가 했던 말의 정확한 의도는 자신이 '자유의 이름으로' 국가 정책과 국제 정책을 추구하고 있다는 것입니다.

당신은 이렇게 묻고 있습니다. 미국은 '자유'라는 낱말의 의미를 잃어버렸는가? 아닙니다. 절대 그렇지 않아요. 여기에는 더 큰 문제가 있습니다. 미국에는 '자유'가 무엇을 의미하는지에 대한 완전히 다른 두 해석이 있습니다. 하나는 보수적인 해석이고 다른 하나는 진보적인 해석이죠. 그런데 아무도 이 점에 대해 많은 얘기를 하지 않습니다. 그래서 우리는 이렇게 자문해야 합니다. "'자유'라는 낱말은 무엇을 의미하는가?"

웨흘링 자유는 온갖 종류의 것, 심지어는 상충적인 것을 의미할 수 있습니다. 어떤 사람은 자유라고 느끼는 것을 다른 어떤 사람은 자유의 제한이라고 느낄 수 있지요.

레이코프   그리고 이 두 사람 모두 옳습니다! 낱말은 어떤 객관적인 의미도 지니지 않습니다. 우리의 개념 체계가 낱말에 의미를 부여하죠. 이러한 체계는 우리가 해왔던 경험과 지지하는 세계관에 따라 다를 수 있습니다. 우리는 사람들이 자신이 사용하는 은유와 프레임이 세계와 낱말을 이해하는 데 엄청난 영향을 미친다는 사실을 흔히 인식하지 못한다는 것에 대해 이미 얘기했습니다.

웨흘링   이 사실을 잘 의식하지 못하는 한 가지 이유는 우리가 '언어'나 '낱말', '의사소통'과 같은 개념을 해석하는 방식 때문일 수도 있습니다. 우리 대부분은 의사소통이 실제로 어떻게 작동하는지 인식하지 못합니다. 사실은 심지어 이러한 방식에 대해 의문을 가지려 하지도 않죠.

  그리고 우리는 의사소통에 대한 아주 중요한 사실의 일부를 감추는 은유를 사용합니다. 그러한 은유는 어떤 낱말이 다른 사람들에게 아주 다른 의미를 지닐 수 있다는 사실을 감춥니다.

레이코프   저도 그렇게 생각합니다. 예컨대 모든 미국인들이 마음속에 동일한 자유 개념을 공유하지 않음에도 불구하고 우리는 그렇다고 생각하는 경향이 있습니다. 또한 모든 사람들이 낱말을 동일한 방식으로 이해한다고 가정하기 쉽지요!

그리고 우리가 낱말에 객관적인 의미가 있다고 믿는 이유는 의사소통에 대한 은유적인 해석과 주로 관련이 있습니다. 의사소통에 대해 사유할 때 우리가 사용하는 은유로 인해, 우리는 낱말이 어떤 단일한 객관적인 의미도 지니지 않는다는 사실을 무시합니다. 그래서 이렇게 자문해봅시다. "의사소통에 대한 가장 흔한 해석은 무엇인가?"

낱말을 서로 다르게
해석하는 이유

웨흘링 ___ 아주 쉬운 문제라고 말할지도 모릅니다. 메시지를 보내는 사
람은 어떤 아이디어를 전하고자 합니다. 그래서 그 사람은 이 아이디
어를 특정한 언어 체계로 부호화해 수신자에게 전해줍니다. 그러면
수신자는 이 메시지를 해독합니다. 이때 수신자는 사용 중인 언어에
능통한 것으로 가정합니다. 이렇게 의사소통이 이뤄집니다.

레이코프 ___ 이 가정은 완전히 거짓이에요. 의사소통이 실제로 어떻게 작
동하는가를 비슷하게도 묘사하지 못합니다! 이 모형은 우리가 의사
소통에 대해 사유하기 위해 사용하는 한 은유, 즉 〔의사소통은 물건
옮기기〕 은유를 묘사합니다.[43]

웨흘링 이 은유에는 흥미롭고 복잡한 구조가 있습니다. 무엇보다도 아이디어를 전달하는 행위가 대화자 사이에서 물건을 서로에게 보내는 것으로 이해됩니다.

레이코프 그렇습니다. 그리고 [물건으로서의 아이디어]를 보내려면 우리에게 그릇이 필요합니다. 그래서 우리는 '낱말'을 아이디어를 운반하는 '그릇'으로 개념화합니다. 우리는 아이디어를 낱말 속에 넣은 뒤 수신자에게 보냅니다.

그래서 [의사소통은 물건 옮기기] 은유에는 [아이디어는 물건]과 [낱말은 그릇]이라는 두 개의 은유적 하위 사상이 내재합니다.

웨흘링 이 은유적 사상의 인지적 추론의 일부는 다음과 같습니다. 어떤 아이디어를 대화 상대자에게 보내려면, 선생님은 그 아이디어에 어울리는 그릇을 찾아야 합니다. 선생님의 아이디어를 운반할 적절한 낱말을 찾아야 한다는 것이죠. 그리고 선생님의 대화 상대자가 그 그릇을 받도록 확실히 해야 합니다. 즉, 그가 선생님이 전하려는 낱말을 듣거나 읽을 수 있도록 확실히 해야 합니다. 이런 식의 많은 일을 해야 하죠.

레이코프 이 은유는 어디에나 있으며, 언제나 언어에 출현합니다. 우리는 빈 낱말이라는 말과, 많은 의미를 우리의 낱말 속에 담는다는 말,

아이디어를 건넨다는 말을 합니다. 또한 우리는 "당신도 알다시피, 당신 말의 내용을 조금 더 주의 깊게 선택해야 합니다"나 "저는 당신이 하는 말로부터 많은 의미를 꺼낼 수 없습니다"라는 말도 합니다.

웨흘링____ 이 은유에서 성공적인 의사소통을 위한 과제는 분명합니다. 먼저 우리는 물건에 맞는 그릇을 찾아야 합니다. 즉, 우리의 아이디어에 맞는 낱말을 찾아야 합니다. 그다음에는 이 그릇이 목적지에 확실히 도달하도록 해야 합니다. 즉, 우리의 수신자가 우리의 낱말을 보거나 들을 수 있도록 확실히 하는 것이죠. 마지막으로 수신자는 그 안에 무엇이 있는지를 보기 위해 그릇을 풀 수 있어야 합니다. 즉, 수신자는 우리의 언어 코드를 공유해야 합니다.

레이코프____ 정말 그렇습니다. 이 사상에는 중요한 은유적 추론이 하나 있고, 당신은 방금 이 추론에 이름―즉, 〔낱말은 그릇〕― 을 붙였습니다. 일단 받았으면 우리의 대화 상대자는 이 낱말을 풀 수 있고 발신자인 우리가 이 그릇 속에 넣은 의미를 정확히 찾아낼 것이라고 우리는 가정합니다.

웨흘링____ 이 은유는 낱말의 의미가 의사소통 맥락이나 개인의 개념 체계로부터 독립적이라고 해석합니다. 달리 말하면, 이 은유 때문에 우리는 이렇게 가정하게 됩니다. 만일 우리가 아이디어를 물건이라고 사유한다면, 아이디어는 '객관적'이 됩니다!

__레이코프__ 그렇습니다. 아이디어에 대해 이런 식으로 사유할 때마다, 우리는 아이디어에 객관적인 의미가 있다고 추론할 수밖에 없습니다. 어떤 물건을 어딘가로 보내고 있다는 이유만으로 이 물건의 형태가 바뀔 수는 없기 때문입니다. 제가 그릇에 담는 것이 바로 당신이 열어서 꺼낼 그것입니다.

__웨홀링__ 만일 제가 집에서 만든 누가 트러플(nougat truffle) 과자 한 상자를 독일에 사는 고모에게 보낸다면, 그녀는 제가 그녀를 위해 상자에 담았던 바로 그 과자를 풀 것이라는 의미이죠.

__레이코프__ 당신이 고모에게 보낸 과자는 누가 트러플이므로 당신의 고모는 초콜릿 마지팬(chocolate marzipan)을 풀지는 않을 것입니다.

그러나 의사소통이 이처럼 작동한다는 생각은 완전히 엉터리입니다! 아이디어를 물건처럼 옮긴다는 이 단순한 생각은 우리가 서로에게 말을 걸 때 실제로 행하는 것에 적용할 수 없습니다. 우리가 다른 사람들에게 전달하는 아이디어는 그대로 우리 머릿속에 남아 있기 때문입니다. 아이디어는 우리의 사유 활동에서 존재가 사라지지 않습니다. 우리의 머리 밖으로 아이디어를 꺼내 다른 어딘가로 보내고 있는 것이 아닙니다.

웨흘링 그래서 말하자면 이 은유의 '문제'는 의사소통의 실재에 관한 중요한 사실을 무시한다는 것입니다. 예컨대 의사소통의 혼란이 필연적으로 우리의 아이디어에 대해 잘못된 낱말을 선택하는 것, 즉 우리가 물건을 담기 위한 그릇을 잘못 고르는 것에서 초래되지는 않습니다. 또한 의사소통의 혼선은 단지 우리의 낱말을 성공적으로 지각하거나 읽거나 듣지 못한 데에서 초래되는 것도 아닙니다. 그러니까 우리의 그릇이 대화 상대자에게로 완전히 넘어가지 않았기 때문도 아닙니다. 그러한 일은 일어날 수 있지만, 의사소통의 가장 큰 난관은 아니죠.

레이코프 가장 큰 어려움은 낱말이 서로 다른 수신자에게는 서로 다른 의미를 지닐 수 있다는 것입니다. 사실 (그릇으로서의) 낱말은 다른 사람들에게 다른 내용을 정말로 전달합니다. 수신자가 반드시 발신자가 그릇에 담았던 물건을 그대로 받는 것은 아닙니다.

웨흘링 저는 고모에게 누가 트러플을 보내는데, 고모는 상자를 풀어 초콜릿 마지팬을 보는 일이 일어날 수도 있는 것이죠.

레이코프 사실은 그럴 가능성이 있습니다. 낱말의 의미는 결코 완전히 객관적이지 않습니다. 우리가 수신하는 낱말은 우리 자신의 개념 체계와 뇌의 형상을 통해 처리됩니다.

낱말은 존재하는 그 자체로서의 세계를 지시하지 않습니다. 낱말은 우리가 뇌의 생물학적 기능 발휘에 근거해 세계를 지각하는 방식만을 지시합니다.

공유하는 경험만큼
강한 프레임은 없다

웨흘링　　이제 우리는 사람들이 자신이 어떻게 의사소통을 한다고 생각하는지 압니다. 하지만 사실 사람들은 그렇게 의사소통을 하지 않습니다. 독자들에게 사람들이 실제로 어떻게 의사소통을 하는지를 말씀해주시죠.

레이코프　　우리는 자신의 개별적인 개념 체계—말하기 규칙 집합 그리고 은유와 프레임 집합—를 사용합니다. 그리고 만일 우연히도 그의 개념 체계가 우리의 개념 체계와 상당히 중첩하는 어떤 사람에게 말을 건다면, 우리는 공유하는 '실재'를 경험할 수 있습니다. 우리의 말하기 규칙과 은유, 프레임이 더 많이 중첩할수록, 우리가 서로를 이해할 가능성은 더 높을 것입니다.

웨흘링 ___ 선생님은 이것이 객관적 실재가 아니라 공유하는 실재와 관련이 있음을 말씀하시는 거군요?

레이코프 ___ 인간은 자신의 지각 범위 밖에 있어서 자신의 인지 처리로부터 독립적인 실재에는 접근하지 못합니다. 우리는 인간의 인지 장치로부터 독립적으로 세계 내에 객관적으로 존재하는 실재를 경험할 수 없어요. 우리에게 존재하는 유일한 실재는 우리의 뇌와 마음이 우리 자신에게 지각하도록 허용해주는 실재입니다.

이렇게 되는 이유는 간단합니다. 우리는 세계를 이해하기 위해서 세계를 처리해야 합니다. 우리의 뇌는 들어오는 모든 정보를 처리하며, 그래서 우리 뇌와 마음의 구조는 우리가 그러한 정보를 지각하는 방식에 영향을 줍니다.

웨흘링 ___ 그렇습니다. 세계에 대한 우리의 지식은 언제나 우리의 개념 체계의 작동 방식에 의존합니다.

그러나 잠깐만요. 독자들에게는 이 말이 마치 우리가 실재하는 세계의 존재를 반박하고 상대주의 학파와 연합하고 있는 것처럼 들릴지 모릅니다.

레이코프 ___ 결코 그렇지 않습니다. 세계는 실재하며, 우리의 몸과 개념 체계가 세계를 처리하는 방식 또한 실재합니다.

저는 세계가 실재한다는 개념에 이의를 제기하려는 것이 아닙니다. 우리는 모두 이 세계에서 살며 일상적으로 이 세계와 상호 작용합니다. 그리고 실제로 존재하는 이 세계에서 우리가 하는 물리적 경험과 사회적 경험, 대인 경험은 우리의 개념 체계에 중대한 영향을 미칩니다. 그래서 인지과학 연구는 '신체화된 실재론'과 관련이 있습니다.[44] 그리고 이 연구는 엄격한 상대주의 철학의 학파에도 속하지 않고 엄격한 객관주의 철학의 학파에도 속하지 않습니다.

웨흘링───── 사람들의 뇌와 경험이 유사하기 때문에, 우리는 동일한 개념 구조의 많은 부분─은유나 프레임 등─을 습득합니다. 그러나 우리는 또한 개인이나 집단에게 특수한 경험, 예컨대 우리의 개별적인 몸과[45] 언어적 경험[46], 문화의[47] 구체적인 세부 사항에 근거한 경험도 합니다.

레이코프───── 그리고 그러한 경험 차이는 우리의 사유를 지배하는 개념적 판형의 차이로 이어지죠.

어떤 실재는 공유하기 더 쉽습니다. 그러한 실재의 근거가 모든 인간들이 습득하는 개념 구조에 있기 때문입니다. 하지만 때로는 공유적인 실재를 창조하기 어렵습니다. 모든 사람들이 자신의 삶에서 동일한 경험을 공유하지는 않기 때문입니다.

그러나 다음 한 가지는 분명합니다. 세계는 실재하며, 사람들은 그 실재를 자신의 몸과 뇌를 통해 이해하는 것이죠.

웨흘링 그래서 인간으로부터 독립적인, 존재하는 그대로의 세계를 낱말이 충분히 기술할 수 있다는 이론은 하나의 신화입니다.

레이코프 이 이론은 당신이 신체화된 은유적 사유를 검토하자마자 허물어집니다. 만일 제가 당신에게 "집값이 오르고 있어요"라고 말한다면, 제 낱말은 존재하는 그대로의 세계를 실제로 묘사하지 않습니다. 저는 한 은유를 사용하고 있고, 이 은유는 제가 이 세계에서 축적한 경험의 산물입니다. 이 경우에는 양과 수직성의 체험적 상관관계이겠죠.

웨흘링 하지만 이는 미국인들이 왜 흔한 정치적 용어, 예컨대 '자유'에 대해 하나의 이해를 공유하지 않는지에 대한 설명으로 충분하지 않습니다.

레이코프 글쎄요, 우리가 '자유'라는 낱말에 부여하는 의미는 우리의 개념 체계가 어떤 프레임과 어떤 은유를 사용하고 있는가에 따라 달라질 수 있습니다. 우리가 '자유' 개념을 해석하는 방식에는 많은 여지가 있죠. '자유' 개념은 본질적으로 서로 차지하려는 쟁탈의 대상이기 때문입니다.

성공적인 의사소통은
프레임의 유사성에 달려 있다

웨흘링   영국의 사회과학자 월터 브라이스 갤리(Walter Bryce Gallie)는 1956년 최초로 본질적으로 쟁탈의 대상이 되는 개념을 연구했습니다.[48] 갤리는 '민주주의' 같은 추상적인 개념이 핵심 의미 — 말하자면 의미 뼈대 — 를 지니고 있지만 그 이상으로 본질적으로 쟁탈의 대상이 된다는 점에 주목했습니다. 갤리는 사람들이 이러한 개념을 매우 상이한 방식으로 해석한다는 것을 발견했습니다.

레이코프   그리고 지난 수십 년에 걸쳐 인지과학은 이 점을 조금 더 깊이 파고들었습니다. 그래서 이제 우리는 경쟁적인 개념이 어떻게 작동하는지를 상당히 알게 되었습니다.[49]

     모든 경쟁적인 개념은 핵심적인 의미를 지니고 있고, 이 의미에는 모든 사람들이 동의합니다. 이는 해당 낱말이나 개념의 무경쟁적인 의미 뼈대입니다.

웨흘링_____ 이 뼈대는 해당 개념에 대해 어떤 구조를 강제합니다. 그리고 개인이 이 탁자에 어떤 개념적 틀을 가져오든지, 이 핵심적인 구조는 안정적으로 남습니다.

레이코프_____ 하지만 그것은 우리가 화제로 삼고 있는 뼈대 구조일 뿐이며, 우리의 개별적인 인지 장치가 이 구조를 완성해야 합니다. 의미의 빈 구멍은 채워 넣어야 하며, 우리는 이 구멍을 세계에 대한 우리의 신념과 우리의 가치, 우리의 이상으로 채웁니다.

'자유'는 이러한 측면에서 본질적으로 쟁탈의 대상이며, 사람들은 의미 구조 속의 빈 구멍을 상이한 방식으로 채워 넣습니다. 미국에서든 다른 곳에서든 사람들은 상이한 신념과 가치, 이상을 지니고 있으며, 따라서 '자유'를 서로 차지하려 다툴 때 그들은 이 낱말의 의미를 전적으로 다르게 심지어 상충적으로 해석할 수 있습니다.

웨흘링_____ 그러나 사람들은 여전히 낱말 '자유'의 핵심적 의미에 동의합니다.

레이코프_____ 그렇습니다. 가장 내부의 핵심에서는 자유의 개념이 사람들에게 동일한 것을 의미합니다. 예컨대 물리적 자유, 즉 '자유로이 이동할 수 있는 능력'은 이 개념이 지닌, 논란의 여지가 없는 핵심의 일부입니다.

웨흘링 ____ 모든 개념은 본질적으로 쟁탈의 대상입니다. 자유나 공정성, 민주주의 같은 '추상적인' 개념만이 아니고요. 우리는 언제나 우리의 지식과 신념에 근거하여 핵심 의미를 넘어서서 개념을 해석하죠.

레이코프 ____ 본질적으로 쟁탈의 대상이 되는 개념이라는 용어로 갤리는 방금 우리가 논의한 개념과 같은 고도로 추상적인 개념만을 지칭했습니다. 하지만 우리가 이러한 논쟁적인 개념을 더 많이 연구할수록, 개념이 언제나 (이런저런 측면에서 그리고 상이한 정도로) 쟁탈의 대상이 된다는 증거는 늘어나는 것으로 보입니다.

하나의 예를 살펴보죠. 맨 처음 본질적으로 쟁탈의 대상이 되는 개념에 대해 생각하기 시작했을 때, 저는 이렇게 자문했습니다. "자, 좋다. 의자는 어떠한가?" 저는 여러 번 다녀온 적이 있는 샌프란시스코의 한 가구점에 대해 이런저런 생각을 했습니다. 그 가게에는 가게 주인이 '의자'라고 부르는 한 무리의 물건이 있었습니다. 글쎄요, 백년 전이었더라면 저는 이 물건 중 일부를 '의자'라고 부르지 않았을 것입니다. 맥락이 없었다면, 제가 이러한 물건을 의자로 제공받은 경험이 없었다면, 이들은 결코 저에게 의자가 될 수 없었을 것입니다.

저의 실재에서는 이들이 여전히 의자가 아닌 상태로 남아 있었을 것입니다.

그런데 저는 많은 가구 디자이너들이 이러한 가구 품목을 즉시 의자로 인식할 것이라고 확신합니다.

웨홀링____ 의자에 관한 한 가구 디자이너들이 서로 다른 지식과 신념, 가치를 지니고 있고, 따라서 '의자' 개념의 의미 뼈대를 서로 다르게 확장하기 때문이죠.

레이코프____ 또 하나의 실례를 들어볼까요. 지금까지 제 아내와 저는 우리 집에 얼마나 많은 방이 있는지에 대해 의견 차이가 있습니다. 우리 집에는 아내는 방이라고 생각하고 저는 그렇게 생각하지 않는 공간이 하나 있는데요. 아치 길을 통과해 그곳으로 가보면 그곳을 분명히 구분해주는 문이 하나도 없습니다. 저는 이 경우를 상당히 명확하다고 생각합니다. 문이 하나도 없다면, 그곳은 방일 수 없습니다! 하지만 제 아내는 아치 길이 두 공간을 구별하며, 이로 인해 단지 하나의 방이 아니라 두 개의 방이 우리에게 남는다고 생각하죠. 보다시피 제 아내와 저는 '방' 개념을 두고 서로 다른 해석으로 논쟁합니다. 제 아내의 실재에서는 제가 생각하는 방의 개수보다 우리 집에 방이 하나 더 있습니다.

웨흘링　　그러나 대체로 우리는 개념을 서로 다르게 이해한다는 사실에 주목하지조차 않습니다. 흔히 우리는 자신의 요점을 성공적으로 전달했고 상대방에게 자신이 생각하는 바를 정확히 말했으며 상대방이 했던 말을 이해했다고 생각하면서 기분 좋게 대화를 마칩니다. 하지만 동시에 우리는 대화에서 들었던 말을 완전히 다르게 이해했을지도 모릅니다! 왜냐하면 우리는 자신이 들었다고 생각하는 것만을 듣기 때문입니다.

레이코프　　그렇습니다. 의사소통을 할 때 우리는 각자 자신의 뇌와 마음에 의존해 의미를 추출하고 구성합니다. 그리고 이는 우리가 흔히 '어떤 사람이 무엇을 말했는지'를 정확히 이해하지 못한다는 것을 의미합니다. 우리는 언제나 '우리가 생각하는 것'만을 정확히 이해합니다. 우리는 우리 마음이 빈 의미 구멍을 채우고 개념을 평가하고 아이디어를 해석함으로써 낱말로 만드는 것만을 이해할 수 있죠.

웨흘링　　이러한 시간(whens)과 조건(ifs)의 제약을 다 고려할 때, 우리는 어떻게 성공적인 의사소통의 희망을 조금이라도 가질 수 있을까요?

레이코프　　우리는 일상적으로 성공적인 의사소통을 할 수 있습니다. 그렇게 하려면, 먼저 개념에 우리 마음이 파악할 수 있고 실제로 우리에게 명확한 '기준선' 의미를 제공하는 공통의 의미적 뼈대가 있어야합니다. 그리고 우리가 더 많은 은유와 프레임, 가치를 공유할수록, 우리가 이 뼈대 구조상에서 내리는 해석은 더욱더 유사하게 보이고 잘 어울릴 것입니다.

<u>웨흘링</u>　　그리고 바로 이런 점에서 성공적인 의사소통은 대화 상대자들이 지닌 은유와 프레임의 유사성의 문제가 됩니다. 물론 모든 사람들이 공유하는 은유와 프레임이 있습니다. 그런데 우리가 특정한 문화와 하위문화의 사람들과 공유하는 은유와 프레임이 있죠. 우리가 우리 자신과 동일한 언어나 방언을 말하는 사람들과 공유하는 은유와 프레임도 있습니다. 그리고 친구나 가족 같은 우리의 가까운 사회적 교류 집단과 공유하는 은유와 프레임이 있지요.

　사람들은 삶의 경험과 문화적 노출, 하위문화적 노출이 더 많이 겹칠수록 공통의 의미를 성공적으로 창조할 가능성이 더 높습니다. 반면에 서로 너무 다른 문화와 맥락 속에서 성장한다면, 우리는 공통적인 은유와 프레임을 더 적게 지닐 것이고 개념을 동일한 방식으로 해석할 가능성이 더 낮을 것입니다.

<u>레이코프</u>　　그렇습니다. 이야기 하나를 들려드리죠. 조지 W. 부시의 참모 중 한 명인 캐런 휴스(Karen Hughes)는 부시의 재임 기간 동안 아랍 세계를 위한 일종의 비공식적인 대사였습니다. 그녀는 사람들이 미

국에 대해 어떻게 생각하는지 알아보기 위해 아랍 국가로 여행을 가 곤 했습니다. 그녀는 다양한 사람들에게 강연을 하고 그들과 대화를 했죠. 어느 날 사우디아라비아의 부유한 여성 집단이 그녀에게 강연을 해달라고 초청했습니다. 이 강연을 할 때, 휴스는 다음 논조의 어 떤 말을 했습니다. "자유에 대한 제 생각이 제 자동차 속으로 들어와 제가 원하는 어느 곳이라도 차를 몰 수 있도록 역량을 기르고 있습니 다. 불운하게도 여러분에게는 이 자유가 없지요." 그런데 청중석의 여성들이 팔짱을 끼고 일어서서 말했습니다. "무슨 말을 하는 거죠? 우리는 원하는 곳 어디에라도 차를 몰고 갈 수 있습니다. 그리고 우 리에게는 심지어 우리를 그곳으로 데려다줄 운전사도 있어요. 우리 는 당신보다 더 많은 자유를 누리고 있다고요!"

웨흘링____ 우리는 사람들이 자신이 선택하는 세계관에 근거해 정치에 대해 사유할 때 상이한 프레임에 의지한다는 사실을 논의했습니다. 이 기제는 본질적으로 쟁탈의 대상이 되는 개념, 예컨대 '자유'에 관 해서도 작동합니다.

레이코프____ 그 말이 맞습니다. 미국의 맥락에서 살펴본다면, 당신은 사 람들의 상이한 자유 개념이 엄격한 아버지 도덕성과 자애로운 부모 도덕성의 관점에서 사유하는 것과 아주 밀접한 관련이 있음을 알 수 있습니다.

부시의 연설

자유에 대한 보수적인 해석의 전형

웨흘링 ____ 정치적 의사소통에서 본질적으로 쟁탈의 대상이 되는 개념이 차지하는 중요한 의미를 논의해볼까요. 무엇보다도 선생님은 '자유'와 같은 낱말이 정확히 무엇을 의미하는지 묘사하지 않은 채 사용할 수 있습니다. 즉, 맥락과 관련짓지 않고 이 낱말을 사용할 수 있지요. 선생님은 청중들에게 이 개념의 뼈대를 들려주고, 그들 자신의 고유한 가치와 이상에 따라 이 개념을 해석하도록 할 수 있습니다. 그 결과 사람들은 상이한 가치, 심지어는 대조적인 가치를 이 개념에 투사하고, 자신의 가치가 선생님이 옹호하는 가치라고 믿을 수도 있습니다.

레이코프 ____ 정말로 그렇습니다. 이 기제는 정치에서 많이 사용하며, 특히 단기적인 효과를 내는 데 아주 편리합니다. 2005년 1월 20일 자신의 두 번째 대통령 취임식 연설을 할 때, 조지 W. 부시는 '자유'나 '자유로운', '해방'이라는 낱말을 49번 사용했습니다.[50] 대략 절반의 연설 시간 동안 부시는 이러한 낱말을 보수적 세계관의 맥락과 연결하지 않았습니다. 이런 식으로 상황을 언급했을 뿐입니다. "우리는 전 세계의 사람들에게 자유를 제공해야 합니다." 보수주의자들과 진보주의자들은 이러한 문장을 똑같이 잘 이해했습니다.

웨흘링 똑같이 잘 이해할 수는 있지만, 이해하는 방식은 동일하지 않죠.

레이코프 그렇습니다. 진보주의자들은 부시 대통령의 낱말을 자애로운 부모 세계관의 관점에서 해석했습니다. 아마도 그들은 이렇게 중얼거렸을 것입니다. "그의 말이 맞아. 우리는 전 세계 사람들을 불관용과 폭력으로부터 자유롭게 해야 해." 그렇지만 보수주의자들은 부시 대통령의 말을 엄격한 아버지 세계관의 관점에서 해석했습니다. 그들은 다음과 같이 생각했죠. "옳소. 우리는 전 세계 사람들에게 진정한 자유 시장 사회에서 자신의 사익을 추구할 자유를 줘야 해."

웨흘링 부시 대통령은 본질적으로 두 개의 취임 연설을 하고 있었습니다. 하나는 진보주의자들의 마음속에 있었고, 다른 하나는 보수주의자들의 마음속에 있었죠.

<u>레이코프</u>　적어도 부시의 연설 전반부에는 그랬습니다. 그다음에 그는 태도를 바꾸어 집안, 그러니까 미국 내에서 자유를 확대하는 것에 대해 얘기하기 시작했습니다. 이 시점부터는 내내 완전히 보수적인 자유를 얘기했어요. 만일 당신이 진보주의자로서 집에서 텔레비전을 보고 있었다면 흥미로운 경험을 했을 것입니다. 1~2분 정도는 부시 대통령이 무엇에 대해 얘기하고 있는지 더 이상 알지 못했을 거예요. 이 연설의 후반부에서는 자유 개념을 엄격하게 보수적인 맥락, 즉 엄격한 아버지 가치의 측면에서 논쟁적으로 사용했습니다.

　흥미롭게도 부시가 연설 중에 보고 있던 문서에는 자유의 보수적인 주장을 사용하는 바로 그 순간들을 명확하게 표시해놓았습니다. 아마도 이는 그 텍스트를 쓴 사람이 누구이든 '자유'의 다른 두 의미를 사용하고자 의도했다는 것을 의미합니다.

<u>웨흘링</u>　자신의 두 번째 대통령 취임식에서 부시가 사용했던 가장 흥미로운 문장 중 하나는 바로 다음과 같습니다. "자유에 대한 미국의 이상에서는 공적인 이익이 사적인 성품─성실성과 타인에 대한 관용, 우리 자신의 삶에 대한 양심의 지배─에 의존합니다. 자기 통치는 결국 자아에 대한 통치에 의존합니다."[51]

<u>레이코프</u>　전적으로 동의합니다. 그것은 놀라운 문장이었습니다. 그리고 진보주의자들은 이 문장을 들었을 때 아마 이렇게 자문했을 것입니다. "이 문장은 무엇과 관련이 있지?"

　글쎄요, 그것은 도덕적 강인함과 자기 절제와 관련이 있었습니다. 모든 미국 시민들이 자신을 보살필 절제와 강인함을 계발한다면 모두의 평안과 자유가 극대화될 테니까요.

<u>웨흘링</u>　부시의 그 연설에는 또 하나의 놀라운 문장이 있었습니다. "모든 시민을 자기 자신의 운명의 책임자로 만듦으로써 우리는 우리의 동료 미국인들에게 더 위대한 자유 ─ 궁핍으로부터의 자유와 공포로부터의 자유 ─ 를 부여하고 우리 사회를 더 번영하고 공정하고 평등한 사회로 만들 것입니다."[52]

　분명히 두 서술 모두 엄격한 아버지 세계관에서만 의미가 있습니다. '궁핍과 공포'로부터 우리 사회를 자유롭게 하는 유일한 길은 완전히 자립적이 되도록 동기를 부여하는 것이죠. 충분히 자립적이 되려면, 선생님은 가능한 한 최대의 자기 절제를 길러야 합니다. 그리고 자기 절제를 기르려면, 먼저 선생님은 '엄한 사랑'을 통해 타인의 훈육을 받아야 합니다. 이 세계관의 이면에는 사회보장 프로그램이나 공공의료 같은 정부의 개입이 사람들의 자유에 방해가 된다는 발상이 있습니다.

　사회는 모든 사람들이 자신의 사익을 추구할 수 있도록 최대의 경쟁을 계속 장려해야 합니다. 따라서 사회적·경제적 상벌이 제대로 작동하는 제도가 제자리를 잡아야 하죠. 사람들에게 스스로 벌지 않은 것을 준다면, 그들은 의존적이 되고 그들의 자유는 최소화됩니다.

<u>레이코프</u>　그리고 이 세계관에서는 사람들이 자신의 이익을 추구해야 사회가 더 풍요롭습니다. 흥미롭게도 부시는 이 맥락에서 '공정하고 평등한'이라는 낱말을 사용했습니다. 그가 의미하는 바는 사회가 더 '공정하려면' 도덕적 강인함이 보상을 받고 도덕적 나약함이 벌을 받아야 한다는 것입니다. 그리고 사회가 더 '평등하려면' 모든 사람들이 자유롭게 경쟁하며 자신의 개인적인 안녕을 추구할 수 있어야 합니다. 규제나 사회복지와 같은 정부의 개입 없이 '자유롭게' 말입니다.

<u>웨흘링</u>　만일 선생님이 진보주의자라면 정확히 정반대의 추론이 적용됩니다. 동료 시민들을 '궁핍과 공포'로부터 자유롭게 하고 우리 사회를 '더 번영하고 공정하고 평등한' 사회로 만들려면, 보살핌이 필요한 사람들을 돌보는 일에 도움을 주어 동료 시민들에 대한 책임을 다해야 합니다. 예컨대 사회복지제도와 공공의료, 좋은 공교육이 바로 평등과 번영, 궁핍으로부터의 자유, 공포로부터의 자유를 보장하죠.

놀랍게도 미국의 미디어는 부시가 말하는 자유의 원칙이 많은 미

국인들의 가슴에 있는 진보적인 자유 개념과 정면으로 충돌한다는 사실을 논의하지 않았습니다.

레이코프 몇몇 언론인은 적어도 부시의 연설이 아주 혼란스럽다는 사실에 대해 얘기하긴 했습니다.

웨흘링 하지만 부시 대통령이 보수적인 사회질서를 전달하기 위해 '자유'라는 낱말을 사용한다는 사실은 이 언론인들 중 누구도 명시적으로 논의하지 않았습니다.

레이코프 당신의 말에 전적으로 동의합니다. 미국의 언론인들은 무슨 일이 일어나고 있는지를 인식하고, '미국적 자유'에 대한 상충적인 해석의 함축뿐 아니라 정치와 정책 결정에 대한 여파를 공개적으로 논의해야 합니다.

9장

프레임 만들기

'객관적인' 저널리즘에서
'깨어 있는' 저널리즘으로

언론의 자세 1
정당의 정치적 프레임 파악하기

<u>웨흘링</u>　많은 전문적인 언론인들은 객관적 보도 규칙의 준수를 자랑으로 여깁니다. 하지만 우리가 지금까지 논의했던 것을 검토해보면, 순수하게 '객관적인' 저널리즘은 불가능합니다.

<u>레이코프</u>　저 역시 같은 생각입니다. 어떤 문제에 대해서나 순수하게 객관적인 의사소통은 불가능하죠. 그래서 많은 사회적·정치적 쟁점에 대해 순수하게 객관적인 저널리즘도 불가능합니다.

<u>웨흘링</u>　그래서 엄밀한 의미에서 객관적 보도와 같은 것은 존재하지 않습니다. 그러나 사람들이 동일한 방식으로 지각하는 실재와 사실은 있습니다. 예컨대 사람들이 죽으면 그들의 죽음에 대한 기본적인 사

실을 보도할 수 있습니다. 숲에 불이 나면 이 불을 묘사하는 입증 가능한 사실을 보도할 수 있죠. 사람들이 보통 자신의 정치적 세계관에 상관없이 객관적으로 '사실'이라고 동의하는 것들이 있습니다.

레이코프___ 맞습니다. 우리의 도덕적 가치와 정치적 신념, 이념적 상식으로부터 대체로 독립적으로 처리하는 사실이 있습니다. 이는 언론인들이 사실적으로, '객관적인' 방식으로, 말하자면 어떤 이념적인 경향 없이 보도할 수 있는 것입니다. 이를 '있는 그대로의 사실'이라고 부르기로 합시다.

웨흘링___ 앵글로·색슨 전통에서 최고의 저널리즘은 사실과 의견을 명확하게 구분해야 합니다. 언론인들은 언제 자신의 의견이나 사실의 해석을 표현하고 있는지를 분명하게 밝혀야 하죠. 더욱이 뉴스 보도와 같이 순수하게 정보를 전달하고자 하는 형식은 어떤 평가로부터도 자유로워야 합니다.

그리고 전문적으로 말하자면, 언론인들은 보편타당하고 가치중립적인 정치 보도를 할 수 있습니다. 의지만 있다면, '있는 그대로의 사실'을 도덕적 평가와 그냥 구별할 수 있지요!

레이코프___ 당신의 방정식은 도덕적 해석을 추론하지 않고 '있는 그대로의 사실'을 보도하기 위해 정치 담화에서 사용할 수 있는 가치중립적인 낱말이 충분히 있을 때에만 유지될 것입니다. 그러나 문제는 정치 담화에는 사실상 도덕성과 무관한 언어가 전혀 없다는 점입니다.

미국의 한 정직한 직업 언론인이 엄격하게 사실적인 방식으로 정치적 주제를 보도한다는 신념에 따라 살고자 한다고 가정해봅시다. 양심상 이 언론인은 당신이 방금 펼쳐놓은 규칙을 따릅니다. 지금까지는 좋다고요?

사실은 그렇지 않습니다. 이 언론인은 해당 쟁점에 대해 보수적인 도덕적 해석이나 진보적인 도덕적 해석을 장려하는 낱말을 불가피하게 사용할 것입니다. 미국에서든 다른 나라에서든 정치부 기자들은 보도를 할 때 자신이 도덕적 언어를 사용하고 있다는 사실을 보통 자각하지 못합니다. 그들은 자신이 편향적이지 않고 공평하게 보도하고 있다고 믿습니다.

얼마 전에 저는 쓰고 있던 책을 위해 '세금 구제(tax relief)'라는 어구를 구글에서 검색했습니다. 그 검색 결과는 세금 토론에서 '세금 구제'를 마치 중립적인 용어인 것처럼 사용한 약 3,000개의 뉴스 보도였습니다. 그것은 과세 문제에 대해 사람들에게 '객관적인' 사실을 전달하고자 하는 3,000개의 기사였어요.

웨흘링 ____ 하지만 실제로 이런 기사들은 모두 이 쟁점—과세—에 대한 보수적인 도덕적 해석을 장려했죠.

레이코프 ＿ 그렇습니다. 대다수의 전문 언론인들은 이 점을 잘 인식하지 못합니다. 그들은 자신이 편향적이지 않게 보도한다고 진정으로 믿고 있습니다. 이는 그들이 정치적 프레임 형성의 기제를 이해하지 못하기 때문입니다.

웨흘링 ＿ 저는 언론인들이 자신이 사용하는 낱말이 미묘한 이념적 편향을 전달한다는 점을 깨닫고 자신의 보도에서 이 점을 고려해야 할 때라고 생각합니다. 자유롭고 공평한 미디어는 어떤 정파의 이념보다 다른 어떤 정파의 이념을 더 잘 전파하는 어구를 더 분명히 인지해야 합니다. 언론인들은 정파가 대중 담론에 도입하는 프레임을 바탕으로 보도해야 하죠.

레이코프 ＿ 이상적으로는 그렇습니다. 하지만 그렇게 하려면, 언론인들이 먼저 프레임 형성이 얼마나 적절한지와 프레임 형성이 인간의 인지와 민주주의 담론, 정치적 행위와 어떻게 관련되는지 학습해야 합니다.

언론의 자세 2
정치적 프레임을 대중에게 알리기

웨흘링___ 우리의 이야기가 다시 출발점으로 돌아왔군요!

레이코프___ 맞습니다. 우리는 다시 처음으로 돌아왔습니다. 정치부 기자들은 과학부에서 이미 보도하고 있는 것을 따라잡아야 합니다.

더욱이 인지과학 개론은 언론대학원의 표준적인 필수 과목이어야 합니다. 하지만 현실은 그렇지 못해요. 미국의 언론대학원 교육과정에는 보통 인지신경과학 연구가 들어 있지 않습니다. 그러나 정치적 인지와 정치적 언어가 어떻게 작동하는지에 대해 적어도 기본 원리를 이해하는 것은 정치부 기자들에게 아주 중요합니다.

웨흘링___ 그들이 자기 자신의 사유를 비롯하여 인간의 인지가 작동하는 방식을 설명할 수 있으려면 말이죠.

레이코프__ 정말 그렇습니다. 정치부 기자들은 언어가 대중의 정치적 사고에 영향을 미치고 있는 방식에 대해 그들에게 알려줄 수 있어야 합니다.

웨흘링__ 그래서 언론인들은 활동할 때 정치적 프레임 형성에 관한 발견을 고려해야 합니다. 정치적 프로그램이나 플랫폼과 함께 나타나는 언어적 프레임을 공개적으로 논의해야 하죠. 예컨대 언론인들은 어떤 정치적 어구를 통해 전달되는 도덕적 추론과 도덕적 세계관을 논의해야 하며, 특별한 견해 표명 글뿐 아니라 일상적인 보도에서 이것을 실행해야 합니다.

레이코프__ 그리고 정치에서 무슨 일이 일어나는지를 대중에게 실제로 알리기 위해서, 언론인들은 '테러와의 전쟁(War on Terror)' 같은 어구가 본질적으로 사람들을 현혹하고 있다고 소리치는 것 이상의 일을 해야 합니다. 이러한 어구는 범죄 행위를 전쟁 행위의 프레임에 넣었습니다.

언론인들은 또한 정치적으로 충전된 이러한 용어가 대중의 마음속에서 강화하는 세계관을 논의하고, 이 프레임을 우리의 정치적 사유에 맹목적으로 병합하는 것의 여파를 논의해야 합니다.

예컨대 9·11 테러 이후에 언론인들은 부시 행정부가 고안한 프레임을 채택해 계속 사용하면서 이렇게 말했습니다. "9·11 공격 이후 수년이 지났지만 미국은 여전히 테러와의 전쟁이 진행 중임을 보고 있다." 글쎄요, 언론인들은 이렇게 보도하는 게 더 나았을 것입니다. "9·11 공격 이후 수년이 지났지만 보수적인 미국 정부는 여전히 자신의 외교 정책과 국내 정책을 정당화하기 위해 '테러와의 전쟁' 은유를 사용한다." 그런 다음에 그들은 이 은유의 추론을 설명하고, 또한 이 은유가 어떻게 엄격한 아버지 도덕의 세계관과 잘 어울리는지를 설명할 수도 있었습니다. 더 나아가 그들은 이 상황의 은폐된 실상을 논의하고, 이 은유의 사용이 어떻게 극단적으로 보수적인 정책을 도덕적으로 올바른 유일한 정책이라고 장려하는지를 논의할 수도 있었습니다. 하지만 현재의 맥락에서는 그러한 보도는 '편향적인' 보도라고 불릴 것입니다.

웨흘링____ 이 유형의 저널리즘이 정당의 언어적·개념적 명령으로부터 자유로워진 정치적 저널리즘일 것입니다.

자, 보세요. 언론인들은 우리의 집단적 행위와 신념을 스스로 점검하도록 확실히 보장하는 '사회의 거울'이어야 합니다. 그리고 인간의 마음이 어떻게 작동하는지에 대한 기본 원리를 어느 정도 안다면, 언론인들은 이 기대에 어긋나지 않게 준비를 더 잘 할 수 있을 것입니다.

지금이 바로 미국이나 다른 나라의 언론인들이 자신의 활동에서 신경과학과 인지과학의 연구를 고려해야 할 최적의 시기라고 생각합니다.

레이코프 그렇습니다. 어떤 전문 분야는 대중 담론을 자유롭고 투명하게 유지해야 할 책임을 다른 전문 분야보다 더 많이 집니다. 언론인들은 분명히 이러한 전문 분야에 들어가죠. 언론인들은 민주주의에서 지극히 중요한 핵심적인 임무를 맡고 있습니다. 그들이 우리의 정보의 자유와 표현의 자유, 사상의 자유를 지키는 파수꾼이기 때문입니다.

웨흘링 그리고 우리 자신이 정치적으로 무엇을 지지하고 싶은가에 대해 객관적인 정보를 제공받아 결정을 내리기 위해서, 우리는 일상적인 정치적 토론에서 사용하는 프레임의 기저에 있는 세계관을 이해해야 합니다.

이렇게 말해볼까요. 우리는 개념적 다원성을 확실히 하기 위해서 도덕적 투명성과 언어적 다원성을 필요로 합니다.

레이코프 그리고 이러한 다원성을 확실하게 보호하는 것이 바로 언론인들 임무의 일부입니다. 물론 쉬운 일은 아니죠. 그래서 저는 언론인들의 이러한 임무를 부러워하지 않아요. 이 임무를 바르게 수행하고자 한다면, 그들은 공적 토론 속의 언어가 인지는 물론 민주주의와 어떻게 교차하는지에 대한 과학적 사실을 절대로 무시하면 안 됩니다.

웨흘링____ 더욱이 은유와 프레임, 본질적으로 쟁탈의 대상이 되는 개념이 공적 담론에서 그렇게 강력한 이유 중 하나는 사람들이 은유적인 프레임 형성이 자신의 인지는 물론 더 구체적으로 자신의 정치적 의사 결정과 관련이 있다는 사실을 여전히 의식하지 못하기 때문입니다.

레이코프____ 바로 그 때문이죠. 사람들은 미디어에서 접하는 언어가 자신의 마음속에서 특별한 실재를 창조한다는 사실을 인식하지 못합니다. 놀랍게도 신경과학이나 인지과학, 심리학 같은 인간의 인지를 연구하는 분야에서 나오는 가장 기본적인 발견조차도 대중에게 잘 알려져 있지 않습니다.

우리 중 많은 사람들이 자신의 고유한 사유의 힘을 정치가와 정치 전략가, 홍보 전문가들에게 너무 쉽게 넘겨줍니다. 본질적으로 그들은 우리가 우리 자신의 인지와 의사 결정에 대해 잘 모른다는 점을 이용합니다.

웨흘링____ 그래서 더 '깨어 있는' 저널리즘을 확보하는 것이 진정으로 민주적인 담론을 유지하고 장려하는 데 정말로 중요합니다.

그리고 더 '깨어 있는' 저널리즘을 보유하기 위해서 우리는 최선을 다해 '객관적인' 저널리즘 발상에서 벗어나야 합니다. 실은 이 발상이 더 다원적이고 덜 편향적인 보도를 향한 우리의 여정을 방해하기 때문입니다.

<u>레이코프</u>　전적으로 옳은 말입니다. '객관적인' 저널리즘이 언제나 존재한다는 가정으로 인해 특히 사회적·정치적 쟁점에 대한 다원성과 투명성이 방해를 받습니다. 우리는 이 가정에서 벗어나야 합니다. 이는 빠를수록 더 좋습니다.

/

프레임 구성은 왜 삶에서 중요한가?

나익주 (한겨레말글연구소)

풀잎은 쓰러져도 하늘을 보고

꽃 피기는 쉬워도 아름답긴 어려워라

시대의 새벽길 홀로 걷다가

사랑과 죽음의 자유를 만나

언 강바람 속으로 무덤도 없이

세찬 눈보라 속으로 노래도 없이

꽃잎처럼 흘러 흘러 그대 잘 가라

그대 눈물 이제 곧 강물 되리니

그대 사랑 이제 곧 노래 되리니

산을 입에 물고 나는 눈물의 작은 새여

뒤돌아보지 말고 그대 잘 가라

대중들에게 〈부치지 않은 편지〉는 가수 김광석이 부른 노래로서 영화 〈공동경비구역 JSA〉의 배경 음악과 노무현 전 대통령의 추도곡으로 사용되어 더욱 유명해졌다. 가슴을 아리게 하는 이 노랫말은 원래 정호승 시인이 1987년 경찰에 연행되어 조사를 받다가 물고문으로 숨을 거둔 당시 서울대 언어학과 3학년 학생이던 박종철 군의 죽음을 애도하며 바친 조시(弔詩)이다.

그 시절 얼마나 많은 사람들이 군사독재의 폭정으로 사라져갔던가? 또 얼마나 많은 사람들이 어두운 죽음의 질곡을 헤치며 자유를 찾기 위해 목숨을 걸고 싸워야 했던가? 우리를 억압하던 독재정권을 몰아내고자 최루탄이 난무하는 거리에서 분연히 일어섰던 6월 항쟁을 떠올려보라. 비로소 군사독재는 끝이 났고 30년이 흘렀다. 그러나 우리의 삶은 자유롭고 평화로웠는가?

적지 않은 사람들이 생계의 벼랑 끝에서 삶을 마치고 있다. 현장실습을 나간 열아홉 살의 청춘은 고장 난 지하철역 스크린도어를 고치다가, 자동차 공장에서 야간작업을 하다가, 음료수 공장에서 멈춘 기계를 살피다가 사고로 죽었고, 통신사 고객센터에서 실적 달성에 시달리다가 힘들어 죽었다.

누군가의 아버지와 형제는 바벨탑처럼 높이 올라가는 건설 현장의 크레인이 무너져, 공장 변전실에서 감전사고로 죽었다. 이들의 생명을 앗아간 것은 생명보다 이윤을 중시하는 탐욕과 고강도 저비용의 열악한 노동조건이었다. 군사독재의 총칼이 사라진 자리 곳곳에서 자본의 억압이 우리의 삶을 위협하고 있다. 소수의 부유한 사람들을 제외하고 대다수의 시민들은 생계의 벼랑 끝으로 내몰리며 공포에 시달리고 있다.

많은 사람들이 '헬조선'이라며 절망한다. 어떻게 하면 이러한 불평등한 현실을 타파하고 공포로부터 자유로운 사회를 만들 수 있을까? 조지 레이코프와 엘리자베스 웨홀링의 신간 《나는 진보인데 왜 보수의 말에 끌리는가?》는 이 질문에 대한 답을 간결하고 명확하게 보여준다.

프레임 형성에 대한 대화체 소개서

《나는 진보인데 왜 보수의 말에 끌리는가?》는 인지언어학의 창시자인 조지 레이코프가 개념적 은유 이론을 적용하여 미국의 정치 현상을 분석함으로써 인지언어학자에서 정치평론가로 학문적 활동 범위를 넓힌 1990년대 중반 이후 제시한 프레임 이론을 자신의 지도 아래 박사 학위를 받은 웨홀링과 문답 형식으로 펼쳐놓은 짧막한 입문서이다.* 이 책의 장점은 레이코프가 30여 년에 걸쳐 연구해왔던 정

---

* 프레임 이론에 관한 앞선 저작에는 《도덕의 정치》(*Moral Politics*, 1996/2002), 《코끼리는 생각하지 마》(*Don't Think of an Elephant!*, 2004), 《프레임 전쟁》(*Thinking Points*, 2006), 《자유는 누구의 것인가》(*Whose Freedom?*, 2006), 《폴리티컬 마인드》(*The Political Mind*, 2008), 《이기는 프레임》(*The Little Blue Book*, 2012), 《코끼리는 생각하지 마(전면 개정판)》(*The All New Don't Think of an Elephant!*, 2014) 등이 있으며, 개념적 은유 이론은 《삶으로서의 은유》(*Metaphors We Live By*, 1980/2002)에서 태동했다. 그리고 개념적 은유와 신체화된 마음 이론이 서구 철학에 제기하는 도전은 《몸의 철학》(*Philosophy in the Flesh*, 1999)에서 상세히 논의하고 있다.

치적 프레임 형성에 관한 앞선 저작들의 성과에 한꺼번에 접근할 수 있다는 것이다. 레이코프와 웨흘링은 인지과학과 신경과학 덕택에 정치적 사고와 정치적 행위의 본성에 대해 우리가 오랫동안 간직해 온 계몽주의 시대의 합리적인 이해 방식이 더 이상 타당하지 않다는 사실을 알게 되었다고 주장한다.

얼핏 아무런 관련이 없어 보이는 경제적 불평등, 의료보험, 지구온 난화, 낙태, 사형제, 환경보호 등의 쟁점과 관련해 사람들이 어떻게 정치적으로 보수와 진보로 나뉘는가에 대한 문제 제기로부터 이 책의 탐구는 시작된다. 이 정치적 차이는 무엇으로 설명할 수 있는가? 그리고 흔히 '정치적 중도'라고 불리며 선거의 승패를 결정하는 사람들의 개념적인 본성은 무엇인가?

이러한 질문에 대한 답은 심오하다. 바로 우리의 마음과 뇌가 작동하는 방식과 관련이 있기 때문이다. 인지과학에서는 추상적 사고의 토대가 일상적 경험에 있다는 '신체화된 마음'을 주장하는데, 정치적 태도 역시 '신체화된 마음'의 산물이다.

국가를 어떻게 운영해야 하는가에 대한 서로 충돌하는 신념은 대부분 이상화된 가정의 도덕성에 대한 대립적인 믿음으로부터 나온다. 보수주의자들은 엄격한 아버지 가정 모형의 도덕성을 신봉하고 진보주의자들은 자애로운 부모 가정 모형의 도덕성을 지지한다.

한편 '중도의' 투표자들은 결코 보수와 진보의 중간에 있지 않으며 개념적으로 이중적인 사람들로서, 어느 한 가정 모형의 도덕성에 대한 절대적인 믿음이 없다. 단지 정치적 쟁점이나 선거에서 의사 결정을 하는 그 순간에 이들의 뇌에서 어느 모형이 활성화되는가에 따라 이들의 판단이 달라지는 것이다. 따라서 진보가 승리하려면 이들의 뇌에서 자애로운 부모 가정의 도덕성에 근거한 진보의 프레임이 활성화되도록 해야 한다.

정치적 프레임 형성 이론에 친숙하다 하더라도《나는 진보인데 왜 보수의 말에 끌리는가?》는 또 하나의 흥미로운 책이다. 대기업의 부가 차고 넘쳐야 온 국민에게 흘러 들어가 다 함께 풍요롭게 된다는 보수의 주장과 달리 극심한 불평등으로 귀결된 신자유주의 낙수 효과 타령에 넘어가지 않으려면, 정치적 의사 결정을 위해 뇌가 작동하는 방식에 친숙해야 한다. 이것이 바로 한국의 독자들이 이 책을 읽어야 할 중대한 이유이다.

도덕적 가치에서 정치적 세계관으로: 진보 대 보수

《나는 진보인데 왜 보수의 말에 끌리는가?》는 '인지과학이 밝힌 진보-보수 프레임의 실체'라는 부제가 암시하는 바와 같이, 미국의 정치 현실에서 두 개의 세계관—진보와 보수—이 도덕적 가치와 프레임 형성 방식에서 어떻게 차이가 나는지를 밝혀낸다. '자유', '정의', '평등', '공정성' 등의 개념이 중요하다는 점에서는 미국의 진보나 보수가 다 동의하지만, 이러한 개념에 대해 완전히 다른 해석을 지니고 있다. 구체적으로 무엇이 평등인가, 무엇이 정의인가, 무엇이 공정성인가, 무엇이 자유인가에 대해서 이들은 정반대의 입장을 취한다.

미국의 보수주의자들은 여성의 자기 결정권 존중을 위한 낙태 허용, 환경보호를 위한 규제, 공적인 건강보험 제도의 도입, 각종 총기 사고를 예방하기 위한 총기 규제, 기업의 반사회적 해악을 벌하기 위한 공익 소송, 부의 불평등 해소와 분배 정의 실현을 위한 누진세 강화에 철저히 반대하고, 공익적 소송의 손해배상액에 한도를 두는 소송 개혁과 기업의 법인세를 비롯한 세금 인하, 사회적 책임과 감정이입에 근거한 사회보장 프로그램의 철폐에 찬성한다.

반면에 미국의 진보주의자들은 사회적 책임과 감정이입에 근거한 사회보장 프로그램, 여성의 자기 결정권 존중을 위한 낙태 허용, 환경보호를 위한 규제, 공적인 건강보험 제도의 도입, 각종 총기 사고를 예방하기 위한 총기 규제, 기업의 반사회적 해악을 벌하기 위한 공익 소송, 부의 불평등 해소와 분배 정의 실현을 위한 누진세 강화를 지지하고, 공익적 소송의 손해배상액에 한도를 두는 소송 개혁과 기업의 법인세를 비롯한 세금 인하에 반대한다.

레이코프와 웨흘링은 왜 미국의 보수와 진보가 이렇게 대립적인 입장을 취하는가를 개인과 정부의 관계에 대한 개념적 은유〔국가는 가정〕에 근거해서 설명한다. 이 은유에 따르면, 미국인들에게 (물론 다른 나라 사람들에게도) 국가는 가정이고 국민은 자녀들이며 정부나 정부의 수장은 부모이다. 그리고 국민에 대한 정부의 의무는 자녀들에 대한 부모의 의무이다. 부모가 자녀들을 보호하고 양육하듯이 정부는 국민을 보호하고 국민의 역량 강화를 도모한다. 부모가 자녀들의 필요를 제공해주듯이 정부는 국가의 경제를 운용하여 국민의 생계를 지원한다. 부모가 가정에서 우리를 훈육하듯이 정부는 공교육을 통해 우리의 시민적 역량을 길러준다.

바로 이 〔국가는 가정〕 은유가 미국인들의 전체 세계관을 구조화하며, 뇌 속의 전체 프레임 체계를 조직화한다. 그런데 미국인들은 마음속에 이상적인 가정에 대한 다른 두 모형을 지니고 있다. 하나는 엄격한 아버지 가정 모형이고 다른 하나는 자애로운 부모 가정 모형이다. 엄격한 아버지 가정 모형에서 아버지는 위험으로 가득 찬 세상에서 자녀들을 보호해야 할 힘을 지닌 도덕적 권위이고, 자녀들은 아버지가 정한 일련의 규칙에 절대적으로 복종함으로써 스스로 절제하여 힘을 길러 도덕적 권위로 성장해야 한다. 이 양육 방식에서는 부모의 권위에 순종하면 자녀에게 상을 주지만 불순종하면 벌을 내린다.

반면 자애로운 부모 가정 모형에서는 아버지와 어머니가 동등하며 서로를 배려하고 함께 감정이입과 책임감을 실천하며 자녀로 하여금 자신은 물론 타인에 대한 존중과 책임을 습득하도록 양육한다. 이상화된 이 두 가정 모형의 상이한 도덕성이 국가 운영에 대한 근본적으로 다른 두 가지 도덕 체계, 즉 정치적 세계관으로 이어진다. 진보의 정치적 세계관은 '자애로운 부모 가정' 모형의 도덕적 가치에서 나오고, 보수의 정치적 세계관은 '엄격한 아버지 가정' 모형의 도덕적 가치에서 나온다.

자애로운 부모 가정에서 가장 중요시하는 도덕적 가치는 감정이입과 책임이다. 감정이입은 다른 사람들과 유대를 맺고 다른 사람이 느끼는 것을 느끼며, 자신을 다른 사람이라고 상상하고, 따라서 다른 사람들에 대해 가족적 친밀감을 느끼는 능력이다. 책임은 자신을 보살피는 개인적 책임뿐만 아니라 타인들을 배려하고 보살피는 사회적 책임을 포함한다. 보호와 성취, 자유, 기회, 공평성, 평등, 번영, 공동체 등 진보 정치의 핵심적 가치는 감정이입과 책임에서 나온다. 따라서 진보주의자들이 공익과 자유 신장, 인간 존엄성 보호, 다양성 존중이라는 정치적 원칙을 중시하는 것은 당연하다.

반면에 엄격한 아버지 가정에서 우선순위를 두는 도덕적 가치는 권위와 절제이다. 악한 세상에서 가정을 지켜주는 강한 아버지의 권위와 그 권위에 대한 자녀의 순종을 강조하는 이 도덕적 가치관은 자유 시장의 절대적 권위와 시장 질서에의 절대적 준수를 강조하는 보수의 정치적 세계관으로 이어진다.

가정에서 아버지의 권위가 절대복종을 요구하듯이, 국가에서 정치적 지도자나 경제적 결정자인 자유 시장도 절대적인 도덕적 권위이며 따라서 마땅히 존중받아야 한다. 보수의 세계관에서는 당연히 자유 시장에서 성공하고 실패하는 것은 개인의 책임이며, 누구라도 절제력을 길러서 경쟁에서 자신을 보호하는 권위를 지니면 자수성가할 수 있다고 주장한다.

세금은 국민 모두의 공동 재산

《나는 진보인데 왜 보수의 말에 끌리는가?》에서 레이코프와 웨흘링은 '코끼리'를 생각하지 말라는 이야기를 들을 때 코끼리를 떠올릴 수밖에 없는 뇌신경 회로의 작동 방식으로 인해 어떤 프레임을 사용하고 어떻게 프레임을 구성하는지가 정치적 소통에서 아주 중요하다는 점을 역설한다. 상대방의 프레임을 부정하면 우리의 뇌에서는 오히려 그 프레임이 활성화되고 강화된다. 1980년 로널드 레이건의 대통령 당선 이후 미국의 보수는 자신들의 정치적 가치와 정체성을 적절한 프레임에 넣어 성공적으로 소통해왔지만, 진보는 그러지 못했다. 이것이 미국의 보수적인 공화당이 진보적인 민주당보다 더 많은 선거에서 승리하여 정치를 주도하는 주요한 근원이었다.

미국의 보수가 권위나 위계, 순종, 절제의 가치로 이뤄진 보수적 프레임을 활성화하여 정치적 우위를 확보하는 데 사용한 대표적인 어구 중 하나가 '세금 구제(tax relief)'이다. 보수주의자들은 '세금 인하' 대신에 '세금 구제'를 반복적으로 사용해 미국 유권자들의 뇌에 '영웅에 의한 구원' 서사라는 보수적 프레임을 주입했다. 이 프레임에서는 '세금이 모든 납세자에게 해로운 무기와 같은 것'이므로 반드시 없애야 하며, 따라서 세금 인하를 주장하는 사람들은 무기를 제거하는 영웅이고 세금 인하는 위험을 무릅쓰고 무기를 제거하는 구원자들의 영웅적인 행동이 되는 반면, 세금 인상을 주장하는 사람들은 파괴적인 무기를 사용하는 악당이 되고 세금 인상은 그들의 악행

이 된다. 이를 통해 보수적인 공화당과 그들이 지지하는 대통령은 영웅이며 세금 인하에 반대하는 상대적으로 진보적인 미국의 민주당과 그 지지자들은 악당이라는 인상을 심어주는 데 성공했다.

지난 20년에 가까운 기간 동안 진행된 한국의 프레임 전쟁에서도 보수가 진보를 압도해왔다. 한국의 보수 언론은 '세금 구제'를 차용해 주조한 어구인 '세금 폭탄'을 2004년 무렵부터 지금까지 아주 빈번하게 사용해왔다. 낱말 '폭탄'은 머릿속에서 바로 '폭격' 프레임을 떠오르게 한다. 이 '폭격' 프레임에는 '폭탄'과 '과녁', '폭격', '폭격하는 사람', '폭격으로 인한 사망자와 중상자들', '파괴되는 주변 시설물' 등의 역할이 있다. 폭격은 아무리 정확하게 과녁을 겨냥한다 하더라도, 과녁만이 아니라 과녁 주변의 사람들과 시설물도 피해를 입기 마련이다. 따라서 폭격은 긍정적인 이미지가 아니라 부정적인 이미지를 불러낸다. 폭격은 적의 파괴 행위이며, 폭격을 저지하기 위해 싸우는 전사는 영웅이고, 폭격 행위를 하는 적은 악당이 된다. 이처럼 낱말 '폭탄'은 보수적인 '전쟁' 프레임의 일부인 '폭격' 프레임과 '영웅' 프레임, '구원' 서사를 불러낸다.

'세금' 뒤에 '폭탄'을 덧붙인 어구인 '세금 폭탄'을 사용하면, 보수의 정치적 세계관에 유리한 다양한 은유와 추론이 나온다. '세금'은 '폭탄'이고, 세금을 부과하는 사람은 폭격을 하는 사람이며, 정치가이든 학자이든 관료이든 세금 인상에 반대하는 사람은 폭격을 막기 위해 싸우는 선한 영웅이고, 세금 인상을 주장하는 사람들은 폭격을 하는 악당이 된다.

그래서 전 국민의 2퍼센트도 안 되는 부동산 초(超)부자들에게 '종합부동산세'를 부과하고자 했던 2004년 당시의 노무현 대통령과 참여정부는 폭탄을 투하하는 악당이 되었고, 종합부동산세 도입에 반대하던 당시 한나라당*(현 자유한국당)은 선한 사람들이 되었으며, 특히 선두에서 이를 지휘하던 박근혜 대표는 영웅이 되었다. 결국 '세금 폭탄'이라는 어구는 '경제 살리기'라는 어구와 함께 2007년 대통령 선거에서 보수 정당인 한나라당 이명박 후보의 당선에 결정적으로 기여했다.

세금을 폭탄으로 보는 은유와 '폭격' 프레임은 이명박 정부에서 더욱 기승을 부렸다. 이명박 정부는 기업의 투자 의욕과 경쟁력을 강화한다는 이유로 법인세율을 대폭 인하하고 종합부동산세를 사실상 폐지에 가까울 정도로 유명무실화시켰다. 그러고는 종합부동산세 무력화와 법인세 인하에 따른 세수 부족분을 메우려고 간판세, 애견세, 온천세 등 이름도 생경한 새로운 세금을 신설해 서민들에게 부담을 떠넘기려 했다. 한나라당에서 새누리당으로 이름을 바꾸어 이명박 정부의 뒤를 이은 박근혜 정부에서도 '세금 폭탄'의 위력은 계속되었다.

---

* 이명박 정부의 실정으로 인한 부담을 덜기 위해 '한나라당'은 2012년 초 박근혜 비상대책위원장 체제를 꾸려 당명을 '새누리당'으로 바꿨고, 박근혜 위원장은 그해 말 대통령 선거에서 당선되었다. 하지만 '최순실 국정농단' 사태로 박근혜 전 대통령이 2017년 3월 대통령 직위에서 탄핵을 당했고, 탄핵 절차가 한창 진행되던 2017년 2월 '새누리당'은 '자유한국당'으로 당명을 다시 바꿨다.

박근혜 정부는 종합부동산세와 법인세율을 예전의 상태로 복원하지 않았고, 초고소득자들에 대한 누진세율을 강화하지도 않았고, 거대 자산 보유자들에 대해 정당한 과세를 하려 하지도 않았다. 오히려 담뱃값을 대폭 인상해 부족한 세수를 메웠다. 이것은 사실상 기업이나 부유층이 감당해야 할 의무를 서민 납세자들에게 떠넘기는 것이었다.

'세금 폭탄'은 사람들에게 세금에 대한 부정적이고 두려운 이미지를 심어주려는 보수의 프레임을 활성화하는 어구이다. 때문에 한국 사회가 현재 직면한 극심한 불평등의 해소를 소망하는 사람들은 누구든지 이 어구를 사용해서는 안 되며, 진보의 도덕적 가치인 감정이입과 책임을 활성화하는 어구를 사용하여 세금에 대한 진보적인 프레임을 만들어야 한다. 《나는 진보인데 왜 보수의 말에 끌리는가?》에서 저자들은 진보적인 세계관을 활성화하는 어구로 '공동 재산(common wealth)'을 제안한다. 어떤 국가든 복지 사회를 실현하는 데에는 반드시 상당한 재원이 필수적이다. 국민이 세금에 대해 부정적인 인식을 가지고 있다면 어떻게 필요한 재원을 마련할 수 있겠는가. 따라서 '세금'은 우리 모두에게 더 나은 미래와 더 자유로운 사회를 만들어줄 공동의 재산이다.

현재 한국 사회는 상상할 수도 없이 비싼 주택 가격, 국민건강보험의 적용을 받지 않는 비(非)급여 항목의 증가로 서민들이 감당하기 어려워진 의료비, 세계에서 미국 다음으로 높다는 대학 등록금 등으로 인해 점점 더 많은 국민들이 '돈이 없으면 자녀를 교육할 수 없고 병에 걸려도 치료를 받을 수 없으며 평생을 일해도 살 집을 마련할 수 없다'는 공포에 시달리고 있다. 이러한 공포로부터 자유로운 사회에 살기 위해서는 복지를 강화할 수밖에 없으며, 이를 위해 우리 모두가 지금보다 더 높은 세금을 부담해야 한다는 인식을 국민에게 확산시키는 데 주력해야 한다.

세금 부담의 증가를 이유로 복지 강화에 반대하고 경제 활성화와 일자리 창출을 이유로 법인세 인상에 반대하는 자유한국당과 보수파들의 저항을 넘어서서, 세금 인상을 통해 복지 국가를 강화하라는 것이 촛불 시민들이 현 진보 정부에게 기대하는 간절한 소망이자 엄중한 명령이다. 비록 2017년 말 법인세를 소폭 인상하는 세제 개편안이 국회에서 통과되었다고 해도 아직은 촛불 시민들의 기대에는 미치지 못한다.

건강권을 침해받는 국민: 민간의료보험과 영리병원

2016년 11월 대통령 선거에서 승리한 직후부터 도널드 트럼프와 보수적인 공화당 행정부는 세금을 대폭 인하하고 오바마 대통령과 민주당 행정부에서 도입했던 '건강보험법'을 개정하겠다고 공언했다. 실제로 2017년 말 최고 35%의 법인세율을 21%로 낮추고 개인소득세 최고 세율을 39.6%에서 37%로 내리는 세제 개편안이 의회에서 통과되었다. 이 세제 개편안에 대해 감세 혜택의 대부분이 대기업과 부유층에 돌아가 경제 정의를 훼손하고 불평등을 더욱 심화할 것이란 분석이 지배적인데도 트럼프 대통령과 공화당은 중산층에게 가장 큰 선물이 될 것이라고 주장한다.

이 법안에는 오바마 행정부의 '감당 가능한 의료 법안(Affordable Care Act)'이라는 건강보험법 ─ 미국의 보수 언론이 오바마케어(Obamacare)라고 이름 붙인 ─ 의 핵심인 '의료보험의 의무 구매'를 삭제한다는 조항이 담겨 있다. 이 조항은 경제적 약자들의 의료 권리를 박탈해 미국 시민들의 삶에 가장 심각한 타격을 안길 것이다. 월가의 초부유층을 제외한 대부분의 미국인들은 세계 최고의 의학·의료 수준에도 불구하고 천문학적인 의료비 부담으로 인해 적절한 치료를 받을 수 없는 현실에 분노하며, 의료보험 제도의 전면적인 개혁을 소망한다.

이러한 열망 덕택에 2008년 대통령 선거에서 당선된 버락 오바마 대통령은 의료보험을 하나의 상품으로 보는 민간의료보험 제도를 공적인 제도로 바꾸려는 전면적인 개혁을 시도했다. 하지만 이 시도는 의료보험의 공공성 강화가 시장의 자유를 침해한다고 주장하는 보수적인 공화당의 강력한 반발에 부딪쳐 실패하고 '감당 가능한 의료 법안'이라는 이름의 타협안을 내놓았다.

2010년 통과된 이 법안의 핵심은 '모든 미국인이 의료보험을 구입해야' 하며, 경제적 능력이 없는 사회적 약자들에게 의료보험 구입비를 정부가 지원해주기로 한 조항이다. 공적인 의료보험 제도를 바라던 미국인들은 오바마 행정부의 건강보험 법안에 크게 실망했지만, 도널드 트럼프 행정부는 이 조항마저 삭제해버렸다.

열악한 의료보험 제도로 존엄하게 살기 위한 의료권을 제대로 보장받지 못하는 미국인들의 상황은 대통령 선거와 의회 선거에서 보수적인 정권을 선택한 자신들이 감당해야 할 몫이다.

누구를 위한 의료산업화? 의료민영화? 영리병원?

그렇다면 한국인들은 존엄한 삶을 위한 의료권을 보장받고 있는가? 미국인들에 비하면 분명히 한국인들은 더 나은 의료권을 보장받고 있음에 틀림없다. 이것은 한국이 '국민건강보험공단'이라는 공적인 의료보험 제도를 가지고 있기 때문이다. 민간보험 회사로부터 의료보험을 구매해야 하는 미국식 제도에 비하면 한국의 공적인 의료보험 제도는 분명히 국민에게 더 많은 의료 혜택과 더 폭넓은 의료권을 보장한다.

흔히들 한국의 의료보험 제도는 세계에서 최고라고 말하지만, 과연 그러한가? 아니다. 국민건강보험공단의 의료보장 비율이 가까스로 60퍼센트를 넘는 우리나라는 보장 비율이 90퍼센트에 이르는 유럽 국가에 비하면 아직 멀었다. 물론 감기나 골절, 비염과 같은 가벼운 질병의 경우에는 국민건강보험공단의 기능이 잘 작동하며 경제적 약자라도 자기 부담 비용을 감당할 수 있다. 문제는 중증질환의 경우로, 국민건강보험의 현재 보장 비율로는 경제적 약자들의 의료비 부담을 경감할 수 없다는 데 있다. 비록 2016년부터 4대 중증질환(암, 심장질환, 뇌혈관질환, 희귀난치질환)에 대해서는 의료보험 보장 비율을 훨씬 더 높이고 자기부담률을 대폭 낮췄지만, 현재 보험 적용을 받지 않는 비급여 항목이 너무 많기 때문에 서민들이 감당하기에는 너무나 많은 비용이다. 또한 4대 중증질환 이외에도 많은 비용을 요구하는 질병은 많다.

가계 총소득이 연 2,500만 원인 가정에서 연간 의료비가 500만 원이 넘는 상황을 어떻게 감당하며 생존이나 하겠는가? 국민건강보험공단이 국민에게 건강한 삶을 영위할 권리를 보장하려면, 의료비 보장 비율이 적어도 80퍼센트 이상이 되어야 한다. 질병에 걸린 국민이 치료비를 감당할 수 없어서 치료를 포기할 수밖에 없다면, 이 상황은 치료비 부담의 공포로부터 벗어나 건강한 삶을 추구할 국민의 자유를 침해하는 것이며, 이 사회는 정의롭지 못한 사회이다. 인간으로서 존엄을 유지하고 공포로부터 자유롭게 건강한 삶을 추구할 권리는 "모든 국민은 보건에 관하여 국가의 보호를 받는다"라고 우리나라 헌법(36조)에도 명시되어 있다. 따라서 한국에서 의료는 보험회사에 돈을 주고 구매해야 할 상품이 아니라 국민이 보장받아야 할 헌법적 권리이다.

유럽의 의료보험 제도에 비하면 절반의 성공인 우리나라의 의료보험 '국민건강보험공단' 체제는 국내외 거대 보험회사가 상품으로 판매하는 '(의료)실비보험'의 확산으로 위기를 맞고 있다. 민간의료보험의 규모는 이미 국민건강보험공단의 보험료 수입을 넘어섰다.* 민간의료보험의 대표적인 상품인 실손의료보험(약칭 실비보험)이 국민건강보험의 부족한 보장성을 보완하는 역할을 담당한다는 보험업계의 선전과 달리, 민간의료보험은 의료에 대한 국민들의 인식 자체를 위협하고 나아가 공적 의료보험 체계를 위협하고 있다.

공적인 체제에 따르면 소득의 차이에 관계없이 의료는 대한민국 누구나 질병 위험으로부터 자유롭게 살기 위해 국가로부터 보장받아야 할 권리이지만, 사적인 체제에 따르면 의료가 서비스 상품이 되어 구매 역량에 따라 제공받는 혜택의 차이는 당연한 것이 되기 때문이다.

국민에게 헌법적 권리인 의료 건강권을 보장하기 위해 최선의 노력을 다하는 것이 국가의 당연한 책무이다. 그럼에도 보수적인 이명박 정부와 박근혜 정부는 공적인 건강보험의 보장성을 확대하기보다 틈만 나면 의료서비스 질 개선, 의료산업 선진화, 고부가 의료산업 육성 등을 내세우며 의료민영화와 영리병원을 허용하는 방향으로 정책을 추진하고 법령을 마련해왔다.

실제로 2015년 박근혜 정부는 제주특별자치도에 영리병원―녹지국제병원―의 설립을 승인했다. 촛불 민심 덕택에 탄생한 문재인 정

---

* 2014년 민간의료보험의 총규모는 48조 2,567억 원으로 나타났고, 같은 해 국민건강보험료 수입(정부지원금 제외)은 41조 5,938억 원으로 조사되었다. (참조: 민간의료보험 월평균 지출 보험료 9배 차이 "소득에 따라 격차 뚜렷, 실손보험 손봐야", 〈메디게이트뉴스〉, 2017. 10. 17. 접속 2017. 12. 27.)

부도 영리병원을 취소하겠다던 공약을 아직까지 지키지 못하고 국내 첫 영리병원은 2018년 현재 개원을 눈앞에 두고 있다.

국민건강보험공단의 급여 대상 병원으로 의무적으로 지정되는 국내의 다른 병원과 달리 이 영리병원은 당연지정제의 적용을 받지 않기 때문에, 이 영리병원이 영업에 들어가는 순간 한국의 의료 공공성은 순식간에 무너질 것이다. 한국의 전체 병원 중에서 국공립병원이 차지하는 비율은 10퍼센트를 가까스로 넘는 수준에서, 자본력이 풍부한 의료법인은 형평성과 역차별을 내세워 영리병원으로의 전환을 요구할 것이고, 소유 자본이 풍부하지 않은 의료법인도 투자자들을 모아 영리병원으로의 전환을 도모할 수 있기 때문이다.

의료는 헌법적 권리, 모든 국민이 고루 누려야!

영리병원 허용을 주창하는 사람들*은 '영리법인 병원이 도입되면 의료서비스의 질이 좋아지고 의료비도 낮아질 것'이라는 주장을 한다. 이 주장은 분명히 사실이 아니다. 그들은 의료서비스 질 향상이 모든 국민에게 돌아갈 것이라는 현란한 이미지를 사람들의 머릿속에 심고 있다. 과연 그들은 자신의 주장이 거짓이라는 것을 모르기에 '의료비가 낮아질 것'이라고 외치는 중일까?

＊ 2011년 8월 1일 자 《시사IN》 제203호의 기사는 영리병원 도입을 밀어붙이는 4대 세력으로 '보수 언론과 경제 관료, 보수 학자(예: 청메포럼), 삼성'을 제시한다. 자세한 내용은 《시사IN》의 해당 호 기사에서 확인할 수 있다.

영리 추구를 하는 병원이 어떻게 비영리법인인 병원보다 낮은 의료비를 청구할 수 있겠는가? 그들도 이 사실을 잘 안다. 그들은 다만 프레임 이론의 원칙에 충실하게 자신들이 믿는 가치를 전파하고 있을 따름이다. 이때 영리병원의 문제점을 알리기 위해 주의할 점은 그들이 '영리병원'과 '의료서비스', '의료산업화'의 장점을 계속 언급할 때 "영리병원은 잘못이다"라는 식으로 부정하지 말아야 한다는 것이다. 이럴 경우 오히려 그들의 '시장주의' 프레임이 강화되기 때문이다. 그들의 주장이 거짓이라는 사실을 언급하는 것에 더하여, 의료는 인간의 '생명'과 '존엄성'과 '정의'라는 도덕적 가치를 강조해야 한다.

문재인 정부가 진정으로 국민의 고통에 공감하고 인간의 생명과 존엄성을 존중하는 정부라면 의료는 국민의 생명의 문제이기에 영리병원은 더 이상 논쟁의 대상조차 될 수 없다는 선언을 하고, 박근혜 정부가 제주특별자치도에 설립을 승인한 영리병원의 개원을 불허해야 한다. 국민들 또한 '의료산업화를 통한 국가 경쟁력 강화', '영리병원으로 일자리 창출' 등의 말로 현혹하는 보수적인 영리병원 주창자들의 프레임에 휘말리지 말고, 의료가 인간의 생명과 존엄성의 문제이고 헌법적 권리라는 점을 명확히 인식하며 깨어 있는 시민들의 조직화된 힘으로 저항해야 한다.

시장의 논리에 맡기라는 보수의 논리에 따라 주거의 공공성을 포기한 결과 대부분의 국민이 감당 불가능한 주거비 공포에 신음하고 있는 이 현실에서, 의료의 공공성마저 훼손당해 시장의 탐욕으로 넘어간다면 대한민국은 '헬조선'이라는 신조어로도 묘사할 수 없는 최악의 사회가 될 것이다.

　한겨울의 추위를 이겨내며 광장으로 나와 촛불을 들고 외쳤던 수백만 시민들의 저항 덕택에 이명박 정부와 박근혜 정부가 통치하던 지난 9년간 무서운 속도로 역주행을 하던 민주주의 퇴행은 일단 질주를 멈췄다. 하지만 국정농단과 민주주의 파괴에 책임을 져야 할 보수적인 정치인들과 타락한 전문가들은 여전히 막강한 보수 언론과 연대하여 '정치 보복', '언론 탄압', '사법권 침해' 등의 표현을 사용하며 교활한 프레임 전쟁을 펼치고 있다. 이러한 현실에서 촛불혁명으로 탄생한 문재인 정부를 비롯한 한국의 진보가 정치적 민주주의는 물론 경제적 민주주의를 온전히 되살리고, 부유한 소수의 사람들만이 자유를 향유하고 대다수의 시민들이 생계의 벼랑 끝에서 자유를 억압받는 현실을 과연 개선할 것인가. 이는 진보의 도덕적 가치와 프레임을 국민들의 뇌에서 얼마나 효과적으로 또한 지속적으로 활성화할 것인가에 달려 있다. 그러한 사회는 점점 더 많은 사람들이 자신의 뇌에서 진보의 도덕적 가치와 프레임을 지속적으로 활성화할 때 가능하다. '삶이 처절한 전쟁'인 한국 사회가 '모두가 함께하는 아름다운 동행'인 삶으로 나아갈 수 있도록 이 책이 조그마한 이정표가 되었으면 하는 바람이다.

　인지과학과 신경과학의 최신 발견을 담은 이 책을 옮길 수 있었던 것은 전적으로 많은 은사님들의 가르침 덕분이다. 특히 이 책의 이론적 틀인 개념적 은유 이론을 가르쳐주신 연세대 영문학과 이기동 선생님과 담화·텍스트 분석에 관심을 갖게 해주신 서강대 영문학과 김태옥 선생님과 전남대 영어교육과 조명원 선생님께 감사드린다. 또한 인지언어학과 개념적 은유 이론에 대한 해박한 지식을 바탕으로 이 책의 주장을 국내외 사건에 적용해 명쾌한 추천사를 써주신 한국외국어대 영어과 권익수 선생님과 정치학의 난해한 개념을 친절하게 설명해주신 경희사이버대 부총장 안병진 선생님께 감사의 마음을 전한다.

거친 초고를 읽고 문장을 다듬어주신 송혜숙, 조은미, 강정희 선생님과 편집자로서 독자들이 이해하기 쉬운 표현으로 다듬는 수고를 아끼지 않으신 생각정원 출판사에도 감사드린다. 적지 않은 세월 동안 인지언어학과 은유에 매달리도록 묵묵히 지원해준 조미라 선생님에게 감사드린다. 인지언어학 전공자로서 좋은 번역을 하려고 최선을 다했지만 여전히 남아 있을 오역과 졸역에 대한 독자님들의 지적을 바란다.

2018년 1월

/ 1장 /

1. Lakoff 2003.

2. Lakoff & Johnson 1980; Bergen 2002; Gibbs 1994, 2006; Lakoff & Johnson Johnson 1999; Moeller et al. 2008; Zhong & Lilenquist 2006.

3. E.g., Lakoff 1996, Landau et al. 2009; Oppenheimer & Trail 2010; Schlesinger & Lau 2000; Thibodeau & Boroditsky 2011. 이에 대한 논평은 Bougher 2012 참조.

4. E.g., Higgins 1996; Kahneman & Tversky 1984; Rock 2005; Thibodeau & Broditsky 2011.

5. E.g., Barsalou 2008; Galiese & Lakoff 2005; Pullvermueller 2001, 2002; Niedenthal et al. 2005.

6. E.g., Broditsky 2008; Broditsky et al. 2003; Casasanto & Jasmin 2010; Casasanto 2014; Nuñez & Sweetser 2006.

7. Lakoff & Johnson 1980(개념적 은유 이론).

8. E.g., Lakoff & Johnson 1980; Grady 1997; C. Johnson 1987; M. Johnson 1987.

9. Boulenger et al. 2009; Citron & Goldberg 2014; Desai 2011; Gamez-Djoke et al. 2015; Lacey et al. 2012.

10. E.g., Caporale & Dan 2008; Hebb 1949; Shatz 1992.

11. E.g., Barsalou 2008; Gallese & Lakoff 2005; Lakoff & Johnson 1999; Pulvermueller 2002; Niedenthal et al. 2006.

12. E.g., Higgins 1996; Kahneman & Tversky 1984; Rock 2005; Thibodeau & Boroditsky 2011.

13. E.g., Lakoff & Johnson 1980.

14. E.g., Borodistky 2001; Borodistky et al. 2003; Meier et al. 2007; Nuñez & Sweetser 2006; Oppenheimer & Trail 2010.

15. Lakoff & Johnson 1980.

16. Lakoff 1996.

17. E.g., Lakoff 1996; Landau et al. 2009; Schlesinger & Lau 2000; Thibodeau & Boroditsky 2011. 이에 대한 논평은 Bougher 2012; Wehling 2013 참조.

18. E.g., Caporale & Dan 2008; Hebb 1949; Shatz 1992.

/ 2장 /

19. Zhong & Liljenquist 2006.

20. E.g., Cienki 2005; Lakoff 1996; Musolff 2004, 2006; Schlesinger & Lau 2000.

21. Lakoff 1996; Wehling 2013; Feinberg et al. 2016; Wehling et al. 2015.

22. Lakoff 1996.

23. Lakoff 1996, 2004; Wehling 2013; Wehling et al. 2015.

/ 3장 /

24. Lakoff 1987a, 1987b; Wehling 2013; Croft & Cruse 2004, p.28.

/ 4장 /

25. Rizzolatti et al.1996; Gallese et al.1996; Gallese 1999; Rizzolatti et al. 2000, 2001.

26. E.g., Ekman & Friesen 1969; Ekman 1985.

27. E.g., Lakoff 1996, 2004; Wehling 2013; Wehling et al. 2015.

/ 5장 /

28. E.g., Miller 1999; Ratner & Miller 2001; Sears & Funk 1991; Shingles 1989.

29. E.g., Higgins 1996; Kahneman & Tversky 1984; Rock 2005; Thibodeau & Boroditsky 2011.

30. E.g., Gibbs 1994, 2006; Lakoff & Johnson 1980, 1999; Moeller et al. 2008; Zhong & Liljenquist 2006.

31. E.g., Boroditsky 2001; Boroditsky et al. 2003; Casasanto & Jasmin 2010; Casasanto 2014; Nunez & Sweetser 2006; Oppenheimer & Trail 2010.

32. E.g., Fillmore 1976, 1985; Goffman 1974; Minsky 1974.

33. E.g., Stanfield & Zwaan 2001; Yaxley & Zwaan 2007.

/ 6장 /

34. "A Shocker. Partisan Thought is Unconscious", *New York Times*, 1/24/2006.

35. E.g., Desai et al. 2010; Pulvermueller 2001, 2002; Tettamanti et al. 2005.

36. E.g., Matlock 2004; Zwaan et al. 2002; Zwaan & Pecher 2012.

37. Lakoff 2004.

38. Kaup et al. 2006; Kaup et al. 2007.

39. Foroni & Semin 2013; Tettamanti et al. 2008; Tomasino et al. 2010.

40. Lakoff 1996, 2004; Wehling 2013; Wehling et al. 2015.

41. Ibid.

/ 7장 /

42. E.g., Lakoff 1996; Meier et al. 2007; Stec & Sweetser 2013.

/ 8장 /

43. Grady 1997, 1998; Reddy 1979, McNeill 1992; Sweetser 1992; Wehling 2010.

44. E.g., Lakoff & Johnson 1999; Johnson & Lakoff 2002.

45. E.g., Casasanto & Jasmin 2010; Casasanto 2014.

46. E.g., Boroditsky et al. 2003.

47. E.g., Meier et al. 2007; Nuñez & Sweetser 2006; Oppenheimer & Trail 2010.

48. Gallie 1956.

49. E.g., Schwartz 1992; Lakoff 2006; Lakoff & Wehling 2012.

50. Lakoff 2006.

51. "President Sworn-In to Second Term". *The White House*, 1/20/2005: http://www.whitehouse.gov/news/releases/2005/01/20050120-1.html.

52. Ibid.

/

• Barsalou, L.W. (2008). Grounded cognition. *Annual Review of Psychology*, 59, 2008, 617–645.

• Bergen, B. (2012). *Louder than words: The new science of how the mind makes meaning*, New York: Basic Books.

• Boroditsky, L. (2000). Metaphoric structuring: Understanding time through spatial metaphors. *Cognition*, 75(1), 1–28.

• Boroditsky, L. (2001). Does language shape thought?: Mandarin and English speakers' conceptions of time. *Cognitive Psychology*, 43, 1–22.

• Boroditsky, L., Schmidt, L. & Phillips, W. (2003). Sex, syntax, and semantics. In D. Gentner & S. Goldin-Meadow (Eds.), *Language in mind: Advances in the study of language and cognition* (pp. 61–79), Cambridge: Cambridge University Press.

• Bougher, L.D. (2012). The case for metaphor in political reasoning and cognition. *Political Psychology*, 33(1), 145–163.

• Boulenger, V., Hauk, O. & Pulvermüller, F. (2009). Grasping ideas with the motor system: Semantic somatotopy in idiom comprehension. *Cerebral*

Cortex, 19, 1905 – 1914.

- Caporale, N. & Dan, Y. (2009). Spike timing-dependent plasticity: A Hebbian learning rule. *Annual Review of Neuroscience*, 31, 25 – 46.

- Casasanto, D. & Jasmin, K. (2010). Good and bad in the hands of politicians: Spontaneous gestures during positive and negative speech. *PLoS ONE*, 5(7), e11805.

- Casasanto, D. (2014). Bodily relativity. In L. Shapiro (Ed.), *Routledge handbook of embodied cognition* (pp. 108 – 117). New York: Routledge.

- Charteris-Black, J. (2005). *Politicians and rhetoric: The persuasive power of metaphor*. Basingstoke: Palgrave Macmillan.

- Cienki, A. (2005). The metaphorical use of family terms versus other nouns in political discourse. *Information Design Journal and Document Design*, 13(1), 27 – 39.

- Citron, F. & Goldberg, A. (2014). Metaphorical sentences are more emotionally engaging than their literal counterparts. *Journal of Cognitive Neuroscience*, 26(11), 2585 – 2595.

- Croft, W. & Cruse, D.A. (2004). *Cognitive linguistics*. Cambridge: Cambridge University Press.

- Desai, R., Binder, J., Contant, L. & Seidenberg, M. (2010). Activation of sensory-motor areas in sentence comprehension. *Cerebral Cortex*, 20(2), 468 – 478.

- Desai, R., Binder, J., Conant, L., Mano, Q. & Seidenberg, M. (2011). The neural career of sensory-motor metaphors. *Journal of Cognitive Neuroscience*, 23, 2376 – 2386.

- Ekman, P. & Friesen, W.V. (1969). The repertoire of nonverbal behavior: Categories, origins, usage, and coding. *Semiotica*, 1(1), 49 – 98.

- Ekman, P. (1985). *Telling lies*. New York: Berkeley Books.

- Feinberg, M. & Wehling, E. (2016) A moral house divided: How idealized family models impact political cognition. *Submitted*.

- Fillmore, C. (1976). Frame semantics and the nature of language. In R. Stevan, H. Harnad, D. Steklis & J. Lancaster (Eds.), *Origins and evolution of language and speech*, Vol. 280 (pp. 20−32). New York: Annals of the NY Academy of Sciences.

- Fillmore, C. (1985). Frames and the semantics of understanding. *Quaderni di Semantica*, 6, 222−254.

- Foroni, F. & Semin, G.R. (2013). Comprehension of action negation involves inhibitory simulation. *Frontiers in Human Neuroscience*, 7, 209.

- Gallese, V., Fadiga, L., Fogassi, L. & Rizzolatti, G. (1996). Action recognition in the premotor cortex. *Brain*, 119(2), 593−609.

- Gallese, V. (1999). The 'shared manifold' hypothesis: From mirror neurons to empathy. *Journal of Consciousness Studies*, 8(5−7), 33−50.

- Gallese, V. & Lakoff, G. (2005). The brain's concepts: The role of the sensory-motor system in conceptual knowledge. *Cognitive Neuropsychology*, 22(3), 455−479.

- Gallie, W. (1956). Essentially contested concepts. *Proceedings of the Aristotelian Society*, 56, 167−198.

- Gamez-Djokic, V. Narayanan, S., Wehling, E., Sheng, T., Bergen, B., Davis, J. & Aziz-Zadeh, L. (2015). Morally queasy: Metaphors implying moral disgust activate specific subregions of the insula and basal ganglia. *Submitted*.

- Gibbs, R.W. (1996). Why many concepts are metaphorical. *Cognition*, 61, 309−319.

- Gibbs, R.W. (2006). *Embodiment and cognitive science*. Cambridge: Cambridge University Press.

- Goffman, E. (1974). *Frame analysis: An easy on the organization of experience*.

Cambridge, MA: Harvard University Press.

• Grady, J. (1997). *Foundations of meaning: Primary metaphors and primary scenes.* Doctoral Thesis, University of California, Berkeley.

• Grady, J. (1998). The conduit metaphor revisited: A reassessment of metaphors for communication. In J.-P. Koenig (Ed.), *Discourse and cognition: Bridging the gap* (pp. 205–218). Stanford, CA: CSLI Publications.

• Hebb, D.O. (1949). *The organization of behavior.* New York: Wiley.

• Higgins, E.T. (1996). Knowledge activation: Accessibility, applicability, and salience. In E.T. Higgins & A.W. Kruglanski (Eds.), *Social psychology: Handbook of basic principles* (pp. 133–168). New York: Guilford.

• Johnson, M. (1987). *The body in the mind: The bodily basis of meaning, imagination and reason.* Chicago: University of Chicago Press.

• Johnson, C. (1997). Metaphor vs. conflation in the acquisition of polysemy: The case of see. In M.K. Hiraga, C. Sinha & S. Wilcox (Eds.), *Cultural, typological and psychological perspectives in cognitive linguistics* (pp. 155–169). Amsterdam: John Benjamins.

• Johnson, M. & Lakoff, G. (2002). Why cognitive linguistics requires embodied realism. *Cognitive Linguistics,* 13(3), 245–263.

• Kahneman, D. & Tversky, A. (1984). Choices, values, and frames. *American Psychologist,* 39(4), 1984, 341–350.

• Kaup, B., Lüdtke, J. & Zwaan, R.A. (2006). Processing negated sentences with contradictory predicates: Is a door open that is mentally closed? *Journal of Pragmatics,* 38, 1033–1050.

• Kaup, B., Yaxley, R.H., Madden, C.J., Zwaan, R.A. & Lüdtke, J. (2007). Experiential simulations of negated text information. *Quarterly Journal of Experimental Psychology,* 60, 976–990.

• Lacey, S., Stilla, R. & Sathian, K. (2012). Metaphorically feeling:

Comprehending textural metaphors activates somatosensory cortex. *Brain and Language*, 120(3), 416 – 421.

- Lakoff, G. (1987a). Cognitive models and prototype theory. In U. Neisser (Ed.), *Concepts and conceptual development: Ecological and intellectual factors in categorization* (pp. 63 – 100). New York: Cambridge University Press.

- Lakoff, G. (1987b). *Women, fire and dangerous things: What categories tell us about the nature of thought.* Chicago: University of Chicago Press.

- Lakoff, G. & Johnson, M. (1980). *Metaphors we live by.* Chicago: University of Chicago Press.

- Lakoff, G. (1996). *Moral politics: How conservatives and liberals think.* Chicago: University of Chicago Press.

- Lakoff, G. & Johnson, M. (1999). *Philosophy in the flesh: The embodied mind and its challenge to Western thought.* New York: Basic Books. Lakoff, G. (2003, 3/18) Metaphor and War, Again. AlterNet. Retrieved from: http://www.alternet.org/story/15414/

- Lakoff, G. (2004). *Don't think of an elephant!: Know your values and frame the debate.* White River Junction: Chelsea Green.

- Lakoff, G. (2006). *Whose freedom?: The battle over America's most important idea.* New York: Farrar, Straus and Giroux.

- Lakoff, G. & Wehling, E. (2012). *The little blue book: The essential guide to thinking and talking Democratic.* New York: Simon and Schuster.

- Landau, M.J., Sullivan, D. & Greenberg, J. (2009). Evidence that self-relevant motives and metaphoric framing interact to influence political and social attitudes. *Psychological Science*, 20(11), 1421 – 1427.

- Matlock, T. (2004). Fictive motion as cognitive simulation. *Memory and Cognition*, 32(8), 1389 – 1400.

- McNeill, D. (1992). *Hand and mind: What gestures reveal about thought.*

Chicago: University of Chicago Press.

• Meier, B., Hauser, D., Robinson, M., Friesen, C. & Schjeldahl, K. (2007). What's up with God?: Vertical space as a representation of the divine. *Journal of Personality and Social Psychology*, 93(5), 699 – 710.

• Miller, D. (1999). The norm of self-interest. *American Psychologist*, 54, 1053 – 1060.

• Minsky, M. (1974). A framework for representing knowledge. Memorandum, 306, AI Laboratory, Massachusetts Institute of Technology.

• Moeller, S., Robinson, M. & Zabelina, D. (2008). Personality dominance and preferential use of the vertical dimension of space: Evidence from spatial attention paradigms. *Psychological Science*, 19, 355 – 361.

• Musolff, A. (2004). *Metaphor and political discourse: Analogical reasoning in debates about Europe*. Basingstoke: Palgrave Macmillan.

• Musolff, A. (2006). Metaphor scenarios in public discourse. *Metaphor and Symbol*, 21(1), 23 – 38.

• Niedenthal, P.M., Barsalou, L.W., Winkielman, P., Krauth-Gruber, S. & Ric, F. (2005). Embodiment in attitudes, social perception, and emotion. *Personality and Social Psychology Review*, 9(3), 184 – 211.

• Nuñez, R. & Sweetser, E. (2006). With the future behind them: Convergent evidence from Aymara language and gesture in the crosslinguistic comparison of spatial construals of time. *Cognitive Science*, 30, 401 – 450.

• Oppenheimer, D. & Trail, T. (2010). Why leaning to the left makes you lean to the left: Effect of spatial orientation on political attitudes. *Social Cognition*, 28(5), 651 – 661.

• Pulvermüller, F. (2001). Brain reflections of words and their meaning. *Trends in Cognitive Sciences*, 5(12), 517 – 524.

• Pulvermüller, F. (2002). *The neuroscience of language*. Cambridge: Cambridge

University Press.

• Ratner, R.K. & Miller, D.T. (2001). The norm of self-interest and its effects on social action. *Journal of Personality and Psychology Research*, 81(1), 5 – 16.

• Reddy, M. (1979). The conduit metaphor. In A. Ortony (Ed.), *Metaphor and thought* (pp. 284 – 324). Cambridge: Cambridge University Press.

• Rizzolatti, G., Fadiga, L., Gallese, V. & Fogassi, L. (1996). Research report premotor cortex and the recognition of motor actions. *Cognitive Brain Research*, 3(2), 131 – 141.

• Rizzolatti, G., Fadiga, L., Fogassi, L. & Gallese, V. (2001). From mirror neurons to imitation: Facts and speculations. In W. Prinz & A. Meltzoff (Eds.), *The imitative mind: Development, evolution and brain bases* (pp. 143 – 162). Cambridge: Cambridge University Press.

• Rock, A. (2005). *The mind at night: The new science of how and why we dream.* New York: Basic Books.

• Schlesinger, M. & Lau, R.R. (2000). The meaning and measure of policy metaphors. *American Political Science Review*, 94(3), 611 – 626.

• Schubert, T. (2005). Your highness: Vertical positions as perceptual symbols of power. *Journal of Personality and Social Psychology*, 89, 1 – 21.

• Schwartz, A. (1992). *Contested concepts in cognitive social science.* Honors Thesis, University of California, Berkeley.

• Sears, D. & Funk, C. (1991). The role of self-interest in social and political attitudes. In M. Zanna (Ed.), *Advances in experimental social psychology*, 2 (pp. 2 – 94). New York: Academic Press.

• Shatz, C.J. (1992). The developing brain. Scientific American, 267(3), 60 – 67.

• Shingles, R.D. (1989). Class, status, and support for government aid to disadvantaged groups. *Journal of Politics*, 51, 933 – 962.

• Stanfield, R.A. & Zwaan, R.A. (2001). The effect of implied orientation derived from verbal context on picture recognition. *Psychological Science*, 121, 153–156.

- Stec, K. & Sweetser, E. (2013). Borobudur and Chartres: Religious spaces as performative real-space blends. In R. Caballero & J.E. Díaz Vera (Eds.), *Sensuous cognition: Explorations into human sentience: Imagination, (e)motion and perception* (pp. 265–292). De Gruyter Mouton. 10.1515/9783110300772.

- Sweetser, E. (1992). English metaphors for language: Motivations, conventions, and creativity. *Poetics Today*, 13(4): Aspects of Metaphor and Comprehension, 705–724.

- Tettamanti, M., Buccino, G., Saccuman, M.C., Gallese, V., Danna, M., Scifo, P., Fazio, F., Rizzolatti, G., Cappa, S.F. & Perani, D. (2005). Listening to action-related sentences activates fronto-parietal motor circuits. *Journal of Cognitive Neuroscience*, 17(2), 273–281.

- Tettamanti, M., Manenti, R., Della Rosa, P.A., Falini, A., Perani, D., Cappa, S.F. & Moro, A. (2008). Negation in the brain: Modulating action representations. *Neuroimage*, 43(2), 358–367.

- Thibodeau, P. & Boroditsky, L. (2011). Metaphors we think with: The role of metaphor in reasoning. *PLoS ONE*, 6(2), e16782.

- Tomasino, B., Weiss, P.H. & Fink, G.R. (2010). To move or not to move: Imperatives modulate action-related verb processing in the motor system. *Neuroscience*, 169, 246–258.

- Wehling, E. (2010). Argument is gesture war: Function, form and prosody of discourse structuring gestures in political argument. *Proceedings of the 35th Annual Meeting of the Berkeley Linguistics Society* (pp. 54–65). Berkeley, CA: Berkeley Linguistics Society.

- Wehling, E. (2013). *A nation under joint custody: How conflicting family models divide US-politics.* Doctoral Thesis, University of California at Berkeley.

- Wehling, E., Feinberg, M., Chung, J.M., Saslow, L., Malvaer, I. & Lakoff, G. (2015). The Moral Politics Scale: The values behind conservatism, liberalism, and the middle. *Unpublished manuscript.*

- Yaxley, R.H. & Zwaan, R.A. (2007). Simulating visibility during language comprehension. *Cognition*, 105(1), 229 – 236.

- Zhong, C.-B. & Liljenquist, K. (2006). Washing away your sins: Threatened morality and physical cleansing. *Science*, 313, 1451 – 1452.

- Zwaan, R.A., Stanfield, R.A. & Yaxley, R.H. (2002). Language comprehenders mentally represent the shape of objects. *Psychological Science*, 13, 168 – 171.

- Zwaan, R.A. & Pecher, D. (2012). Revisiting mental simulation in language comprehension: Six replication attempts. *PLoS ONE*, 7(12), e51382.

나는 진보인데
왜 보수의 말에 끌리는가?

초판 1쇄 발행 2018년 3월 5일
초판 5쇄 발행 2021년 7월 26일

지은이 | 조지 레이코프, 엘리자베스 웨홀링
옮긴이 | 나익주

발행인 | 박재호
편집팀 | 강혜진, 송지영
마케팅팀 | 김용범, 권유정
총무팀 | 김명숙

디자인 | 이석운
교정 | 엄송연
종이 | 세종페이퍼
인쇄·제본 | 한영문화사

발행처 | 생각정원
출판신고 | 제25100-2011-000320호
주소 | 서울시 마포구 양화로 156(동교동) LG팰리스 814호
전화 | 02-334-7932 팩스 | 02-334-7933
전자우편 | 3347932@gmail.com

ISBN 979-11-88388-29-5 03340

이 도서의 국립중앙도서관 출판예정도서목록(CIP)은 서지정보유통지원시스템 홈페이지(http://
seoji.nl.go.kr)와 국가자료공동목록시스템(http://www.nl.go.kr/kolisnet)에서 이용하실 수 있습니
다.(CIP제어번호: CIP2018006622)